VOYAGE

HISTORIQUE

EN ÉGYPTE.

IMPRIMERIE DE I. JACOB, A VERSAILLES.

VOYAGE

HISTORIQUE

EN ÉGYPTE,

PENDANT LES CAMPAGNES

DES GÉNÉRAUX

BONAPARTE, KLÉBER
ET MENOU,

Par Dominique DI PIETRO;

AVEC UNE CARTE DE L'ÉGYPTE POUR L'INTELLIGENCE DU VOYAGE,

PARIS,

L'HUILLIER, LIBRAIRE, RUE SERPENTE, N.º 16.

NOVEMBRE 1818.

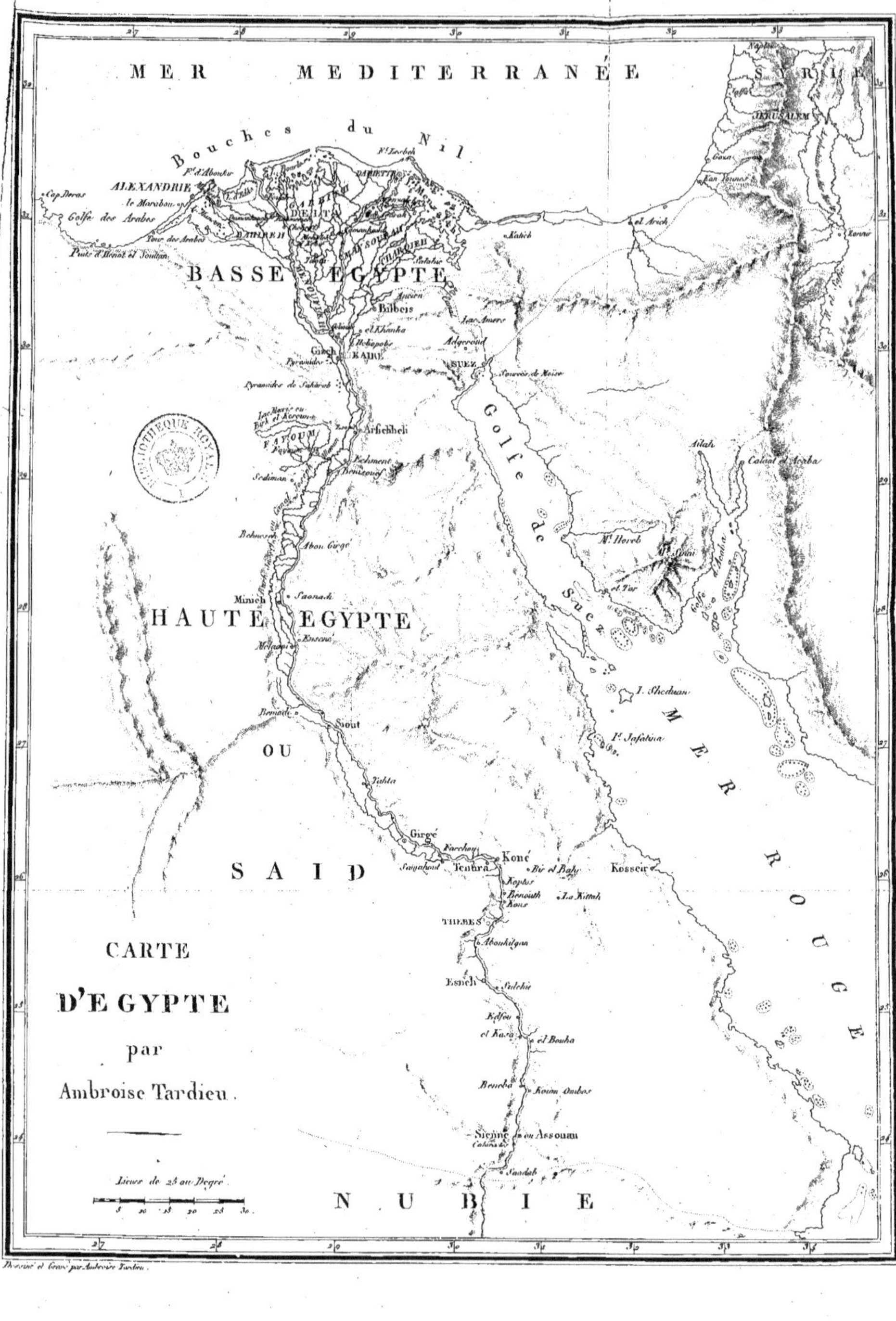

CARTE

D'EGYPTE

par

Ambroise Tardieu.

Lieues de 25 au Degré

VOYAGE

HISTORIQUE

EN ÉGYPTE.

INTRODUCTION.

L'EXPÉDITION des Français en Égypte, ayant rappelé ce pays, depuis si long-temps oublié, sur la scène du monde, je pense que le lecteur trouvera avec plaisir, à la tête d'un ouvrage qui traite de l'Égypte, l'histoire des révolutions qui s'y sont succédées depuis les premiers temps de son origine, jusqu'à l'époque du débarquement des Français.

Peu de pays sur la terre peuvent le disputer en ancienneté à l'Égypte. Si l'on consulte les annales fastueuses des prêtres Égyptiens, on les verra se perdre dans une immensité de siècles dont l'imagination même est effrayée; si l'on s'en tient au calcul plus exact des historiens, l'on trouvera des rois en Égypte, bien avant la naissance de Ninus, fondateur du premier empire des Assyriens.

Dans un temps où le monde entier était plongé dans les ténèbres de la plus profonde ignorance, l'on voyait en Égypte des monumens extraordinaires, enfantés par les arts, s'élever de tous les côtés (1), des sciences telles que la géométrie, l'arithmétique, l'astronomie, la médecine, y trouver leur naissance, des hommes du plus rare mérite y être assis sur le trône, et des lois d'une si grande sagesse émaner de leur autorité, que les plus célèbres historiens se sont plu, les uns après les autres, à les exposer à l'admiration de tous les peuples.

C'est de l'Égypte que sont sorties ces colonies qui ont arraché la Grèce à son état primitif de barbarie, pour lui donner des connaissances et des lois, qui, transportées chez un peuple actif, ingénieux et pénétrant, en ont fait un des pays des plus célèbres de la terre. La Grèce n'a pas été redevable de ce seul bienfait à l'Égypte. Ses plus grands hommes sont allés puiser la sagesse dans ce premier foyer des lumières, et c'est après s'être initiés dans la philosophie des Égyptiens, qu'ils sont venus faire l'admiration de leur pays et de leur siècle. L'Égypte était alors au monde ce qu'a été pendant un temps l'Italie à l'Europe. Elle renfermait dans son sein le germe de toutes les connaissances humaines, et l'on aurait cru ne pouvoir les posséder dans toute leur perfection, si l'on n'avait été les puiser en Égypte.

L'histoire des rois de la première Égypte, est couverte de voiles si épais, qu'il n'y a guère que les grands noms d'Ossymanduas et de Sésostris, qui aient pu percer dans tout leur éclat à travers ces ténèbres. Les exploits, surtout, qu'on attribue à ce dernier, l'ont mis au-dessus de tous les conquérans qui, depuis lui, ont ravagé le monde. Cependant, malgré la célébrité qui entoure la vie de ces deux puissans souverains, le temps qui les a vu briller en Égypte, est aussi incertain que celui des princes qui leur ont succédé, ou qui ont paru avant eux dans ce pays. Dans cette longue suite de rois, qui, dans ces siècles reculés, ont régné avec tant de gloire en Égypte, on ne peut assigner aucune époque ni aux monumens qu'ils ont élevés, ni aux actions qu'on leur attribue, ni enfin à l'ordre de leur succession. Ainsi, sans vouloir m'arrêter à débrouiller des faits que les historiens les plus profonds n'ont pu eux-mêmes éclaircir, j'arriverai promptement à l'époque où l'Égypte tomba sous la domination des Perses.

Cambyse, fils et successeur de Cyrus, qui fit cette conquête, gouverna l'Égypte avec un sceptre de fer. Il profana la religion du pays, fit périr le roi Psamétique et tous les seigneurs de sa cour, détruisit la plus grande partie des monumens qui faisaient la gloire de Thèbes, et mourut enfin en laissant sa mémoire en exécration parmi les Égyptiens. Après sa mort, ces peuples, aidés par les Grecs, ennemis naturels des Perses, cherchèrent à secouer le joug que cette nation superbe leur avait imposé ; mais leurs efforts impuissans, ne servirent qu'à rendre leurs chaînes encore plus pesantes. Les Perses régnèrent en Égypte pendant l'espace de deux siècles. Alexandre-le-Grand fut seul capable de les en chasser ; mais, dans cette nouvelle révolution, les Égyptiens ne firent que changer de maîtres sans recouvrer leur liberté. A la mort de cet illustre conquérant, ses généraux se divisèrent son empire, et l'Égypte échut en partage à Ptolomée, un des plus célèbres d'entre eux. Ce fut alors que la capitale de l'Égypte, qui, de Thèbes, avait été transportée à Memphis, fut transférée à Alexandrie, ville nouvelle, fondée par Alexandre-le-Grand. Les premiers Ptolomées se plurent à couvrir l'Égypte de villes et à l'enrichir de monumens. Alexandrie, par leur soin, devint l'émule de Rome et de Carthage. et l'entrepôt du commerce

de toute la terre. Son port réunissait des vaisseaux de toutes les nations du monde, et son
enceinte renfermait une population de plus
de neuf cents mille ames. Les sciences, aussi
bien que les arts, fleurirent aussi en Égypte
sous le règne des premiers Ptolomées. Des
hommes illustres, dans tous les genres, furent
attirés par leurs bienfaits à Alexandrie, et la
gloire qui les y suivit, devint commune à toute
l'Égypte. Enfin l'époque de la domination de
ces rois, était aussi belle que celle qui avait
vu s'élever les pyramides de Memphis, et
creuser le lac de Mœris.

Mais comme rien n'est durable sur la terre,
ce moment de bonheur ne brilla, pour ainsi
dire, aux yeux des Égyptiens, que pour leur
faire ressentir ensuite, avec plus d'amertume,
toutes les horreurs de l'esclavage. Les derniers
Ptolomées s'écartèrent de la conduite de leurs
prédécesseurs, et ne se firent connaître que
par leurs cruautés et leurs débauches. Dès-
lors, tous les maux qu'entraînent à leur suite
les séditions et les guerres civiles, vinrent

fondre à la fois sur l'Égypte ; et ce même nom de Ptolomée, qui, avant ces malheureuses époques, avait toujours été reçu avec acclamation par tout le peuple, ne sortit plus qu'avec horreur de toutes les bouches.

Tel était l'état de l'Égypte, lorsque les Romains, qui aspiraient à la conquête du monde, parurent dans ce pays pour y donner des lois. Gabinius, lieutenant de Pompée, y fit connaître le premier la puissance romaine, en rétablissant sur le trône Ptolomée-Aulète, un des derniers rois de la dynastie de ce nom, que les Alexandrins avaient chassé de son royaume. Bientôt après, Jules-César donna un nouvel exemple, en Égypte, de cet ascendant que les Romains avaient su prendre sur tous les peuples de la terre. Ptolomée-Bacchus, fils d'Aulète, au mépris du testament de son père, et d'une loi fondamentale de la couronne des Ptolomées, qui voulait que les aînés des deux sexes, après s'être unis ensemble, montassent également sur le trône, prétendait se réserver à lui seul

l'autorité souveraine, à l'exclusion de la princesse Cléopâtre sa sœur. César se rendit l'arbitre de ce différend; et, entraîné par les
grâces de l'esprit et les attraits de la figure
de Cléopâtre, il ordonna qu'elle gouverne-
rait l'Égypte, conjointement avec son frère.
Nous allons voir cette princesse jouer un très-
grand rôle dans les derniers démêlés qu'eurent
ensemble les Romains, avant l'établissement
de la monarchie. Après l'assassinat de Jules-
César et la bataille de Philippes, Antoine se
trouvant à Tarse, ville de Cilicie, manda
Cléopâtre auprès de lui, pour l'obliger à
justifier la conduite qu'elle avait tenue dans
la guerre que les triumvirs venaient de faire
contre Brutus et Cassius, ces derniers soutiens de la liberté romaine. Cette princesse
comptait trop sur la puissance de ses charmes,
pour refuser d'obéir à cet ordre. Elle part
sur-le-champ d'Alexandrie, remonte le Cyd-
nus, arrive à Tarse, et paraît devant Antoine
dans cet appareil séduisant, sous lequel on
nous dépeint Vénus. A la vue de cette prin-

cessé, tous les sens d'Antoine sont subjugués, et de son ennemi, il devient à l'instant son plus ardent adorateur. Au retour d'une expédition infructueuse, qu'il fit peu de temps après contre les Parthes, il courut cacher à Alexandrie, dans les bras de sa maîtresse, l'affront que, dans cette occasion, venait de recevoir sa renommée. Il ne se réveilla de ce sommeil voluptueux, que lorsque l'ambitieux Octave, ne déguisant plus ses projets, tendit ouvertement à gouverner seul l'empire romain. Antoine, environné par cent mille hommes d'une infanterie invincible, pouvait encore faire avorter les desseins de son rival, s'il eût écouté un seul instant ses véritables intérêts. Tous ses amis, ses soldats même, lui conseillaient de mettre sa confiance dans ses troupes de terre, et de les rendre arbitres de ses différends avec Octave. Mais Cléopâtre voulait voir l'image d'un combat naval, et le trop complaisant Antoine crut ne pouvoir trop conserver à ce prix les faveurs de sa maîtresse. La bataille d'Actium se donne: la fuite de Cléopâtre, qui, suivant Montesquieu, aspirait à la gloire de mettre à ses pieds un troisième maître du monde, commence la défaite d'Antoine ; et le lâche abandon dans lequel il se livre lui - même, en voyant fuir la reine d'Égypte, entraîne la ruine entière de son parti. En effet, ce guerrier, célèbre dans tant d'autres circonstances, oubliant dans ce moment tout le soin de sa renommée, ne craint plus que de perdre sa maîtresse, et s'éloigne du champ de bataille pour courir après elle. Ils prennent ensemble la route de l'Égypte, où bientôt Antoine se donne la mort, victime d'une ruse de Cléopâtre, qui sans doute avait l'intention de se faire un mérite auprès d'Octave de la perte de son rival. Quoiqu'il en soit, cette princesse ne put parvenir à recueillir le fruit de toutes ses perfidies envers Antoine. Octave vit ses attraits, les dédaigna, et la contraignit elle-même à se donner la mort, pour éviter l'affront d'être traînée en captive dans une ville, où, peu de temps auparavant, elle avait espéré de se montrer en souveraine.

Jusqu'à cette époque les Romains s'étaient

contentés de faire preuve de leur puissance
en Égypte, sans vouloir cependant la réunir
à leur empire. Mais, à la mort de Cléopâtre,
leurs prétentions devinrent plus ambitieuses,
et l'Égypte passa sous leur domination. Dès-
lors ce pays ne fut plus gouverné par des rois,
mais par des préfets qu'y envoya le sénat de
Rome. Il s'identifia bientôt avec le reste de l'empire romain : il en suivit les destinées, l'enrichit
de son commerce, et le nourrit de toutes les
productions de son fertile territoire ; c'est
ce qui fit appeler l'Égypte le grenier de l'empire romain. La beauté de ses villes, le
nombre prodigieux de ses habitans, la har-
diesse et la solidité de tous ses monumens,
lui firent tenir un des premiers rangs dans le
nombre des provinces romaines, et donnèrent
l'envie aux plus grands empereurs et généraux de Rome, de voyager dans un pays qui
était un des plus beaux ornemens de leur empire. Germanicus remonta le Nil jusqu'à la
cataracte de Syène, et Adrien alla visiter les
ruines de Thèbes. Cet empereur, après le

dévouement d'Antinoüs, qui sacrifia ses jours
pour conserver ceux de son maître, bâtit dans
la Haute-Égypte une ville dont on voit encore
les ruines, et à laquelle il donna le nom de
ce favori. Sous les empereurs, l'Égypte ne
dégénéra point de cette gloire qu'elle s'était
acquise dès les premiers siècles du monde,
par son amour pour les sciences et les arts.
Les Ptolomées avaient réuni à grands frais,
dans la capitale de leur royaume, une bibliothèque de sept cents mille volumes, et ce
précieux monument de la splendeur de ces
rois, ne contribuait pas peu à maintenir le
goût des sciences dans l'ame de tous les Égyptiens. Enfin, il n'était pas plus glorieux
pour les Romains, d'avoir forcé tant de nations diverses à obéir à leurs lois, que de
régner sur un pays qui, par l'éclat prodigieux qu'il jetait au dehors, par ce grand
nombre de merveilles qu'il renfermait dans
son sein, méritait de commander lui-même
à l'Univers.

L'établissement du christianisme vint ajou-

ter un nouveau lustre à la gloire de l'Égypte.
Les persécutions que les empereurs romains
suscitèrent à cette religion, pour l'étouffer
dès sa naissance, remplirent l'Égypte entière
d'une multitude de solitaires, qui ne l'illus-
trèrent pas moins par la sublimité de leur
doctrine, que par la sainteté de leur vie. Les
déserts de la Thébaïde fourmillent encore
d'une infinité de grottes qui servaient de retraite à ces intrépides soutiens de la religion
chrétienne. Ces vertueux cénobites aimaient
mieux se condamner à vivre dans la solitude
et le silence des déserts, que de renier une
religion qui faisait leur consolation présente
et leur espérance pour l'avenir. L'innocence
de leur conduite et la pureté de leurs mœurs,
furent les seules armes qu'ils opposèrent
constamment à la rage de leurs persécuteurs;
et, ce qu'on ne saurait surtout trop admirer
dans cette époque de la gloire de notre religion naissante, c'est que les premiers chrétiens, par une touchante unanimité, donnaient
les mêmes exemples dans toutes les autres par-

ties de la terre où la foi avait pénétré. Enfin le paganisme succomba sous l'effort de tant de vertus, et le christianisme, en se plaçant sur ses débris, vint épurer les mœurs des peuples, prêcher une morale plus sublime, et donner aux hommes une plus haute idée de la Divinité.

Après la destruction du paganisme, l'Égypte continua toujours d'attirer les regards sur elle, de préférence à toutes les autres provinces de l'empire romain. On lui vit montrer alors autant de fermeté à soutenir les intérêts du christianisme, qu'elle avait fait paraître d'ardeur pour le maintenir dans son sein. A peine la religion chrétienne était-elle sortie victorieuse des persécutions du paganisme, qu'elle se vit déchirée par une foule d'hérésies qui en attaquaient les mystères les plus sacrés. Parmi tous les chrétiens qui s'élevèrent avec force contre ces dangereuses innovations, l'on doit remarquer entr'autres les patriarches d'Alexandrie, saint Athanase et saint Cyrille. Ils ne montrèrent pas moins de courage à résister aux empereurs romains qui s'étaient laissés entraîner dans le parti des hérétiques, que de savoir, de doctrine et de science, à démontrer la fausseté des principes que ces prétendus chrétiens voulaient enseigner; et, si à cette époque, la religion chrétienne fut épurée de ces dogmes pernicieux qu'on avait voulu répandre parmi ses enfans, c'est principalement à ces deux patriarches d'Alexandrie, qu'on doit attribuer cette heureuse révolution. Malheureusement les successeurs de ces grands hommes ne marchèrent pas toujours sur leurs traces, et ils finirent même par se séparer de la communion romaine, en adoptant les faux principes d'Eutichès.

Cependant l'empire romain était sur le point de donner au monde un des plus grands exemples qui se soient jamais vus des vicissitudes des choses humaines. Depuis long-temps, cet empire, qui paraissait fondé sur des bases inébranlables, chancelait sous son propre poids. Des nations barbares, sorties de toutes les portes du nord, en avaient d'abord ravagé les frontières, et en sapaient alors les fondemens. L'empire d'occident s'écroula le premier; et si celui d'orient ne succomba pas au même moment, ce fut bien moins à ses propres forces qu'il fut redevable de son salut, qu'à la lassitude des barbares du nord, qui bornèrent à l'Europe et à une partie de l'Afrique, le cours rapide de leurs conquêtes. C'étaient d'autres ennemis et de nouvelles nations qui devaient entraîner la perte du second empire romain. Parmi tous les peuples qui l'attaquèrent avec le plus de fureur, les Arabes se montrèrent les plus formidables, et lui portèrent les plus fortes atteintes. Ces nations, enthousiastes de leur religion et de la gloire de leurs califes, sortirent comme des torrens des déserts de l'Arabie, se jetèrent d'abord sur les terres de l'empire, tournèrent ensuite contre d'autres pays leurs armes victorieuses des Romains, débarquèrent en Espagne, pénétrèrent jusqu'en France; et sans la bataille de Tours, où Charles Martel extermina quatre cents mille de ces barbares, l'Europe entière gémirait peut-être maintenant sous le joug accablant de l'islamisme.

Amrou, lieutenant d'Omar, second calife des Musulmans, porta le premier en Égypte la religion, les armes et l'ignorance des Arabes. Alexandrie et Memphis n'opposèrent à ses efforts qu'une vaine résistance, et leur chute entraîna celle de l'Égypte entière. L'ignorant Omar, sous les auspices duquel venait de se faire cette conquête, ternit un événement aussi mémorable pour la gloire de son règne, par un trait qui le dévoue pour toujours à la honte et à l'ignominie. La célèbre et nombreuse bibliothèque d'Alexandrie fut incendiée par ses ordres. Tous ces ouvrages immortels qui y étaient rassemblés, fruits des travaux et des veilles des plus grands hommes de l'antiquité, ne purent trouver grâce aux yeux de ce barbare, et servirent pendant plus de six mois à chauffer les bains d'Alexandrie.

L'incendie de ce vaste dépôt des connaissances humaines, entraîna après lui la chute des sciences et des arts en Égypte. L'Alexandrie des Arabes ne fut plus qu'une vaine image de l'Alexandrie des Ptolomées. On la vit déchoir tout à coup de cet état de splendeur et de magnificence dans lequel elle s'était maintenue pendant un si grand nombre de siècles. Cependant, comme les Arabes, après l'effervescence de leurs conquêtes, s'adonnèrent à la culture des sciences et des arts, l'Égypte put espérer un instant de réparer ses pertes, et de voir relever sa gloire par les mêmes mains qui venaient de l'abattre.

Mais de nouveaux événemens vinrent la plonger pour toujours dans la barbarie. L'empire des Arabes, de qui seul elle pouvait attendre son rétablissement, fut trop souvent agité par le tumulte des révolutions, pour porter également dans toutes les parties de sa domination, cette ardeur pour l'avancement des sciences et des arts, qui se faisait remarquer dans quelques-unes de ses provinces. A peine avait-il posé les fondemens de sa grandeur, que cet empire vit s'allumer dans son sein des foyers sans cesse renaissans de séditions et de discordes, qui lui causèrent des maux beaucoup plus terribles que tous les ennemis qui l'attaquèrent, et qui, prenant toujours de nouveaux accroissemens, le conduisirent rapidement à sa perte. En effet, l'empire des Arabes ne fit, pour ainsi dire, que paraître dans le monde. Il avait eu le feu brillant d'un éclair, et comme lui, il ne subsista qu'un moment. Cet empire qui, dans un temps, avait couvert de troupes innombrables les trois parties du monde alors connu, vit tout à coup décroître sa puissance, et ne se trouva plus réduit qu'aux seuls confins de l'Arabie. C'est ainsi que les eaux d'un fleuve, lorsqu'elles sont grossies par la fonte des neiges, s'élancent avec impétuosité de leurs rivages, convertissent en une mer immense toutes les campagnes d'alentour, et reviennent ensuite couler paisiblement dans leur lit.

L'Égypte avait déjà passé sous une autre domination, lorsqu'arriva l'affaissement total

de cet énorme colosse de puissance que les
Arabes avaient édifié. Mais avant d'en venir
à cette époque, il est bon de faire connaître
quels événemens avaient amené dans ce pays
cette révolution. La tranquillité de cette province qui n'avait point été altérée, tant que
le trône des Arabes avait été occupé en Syrie
par la dynastie des Ommiades, éprouva les
plus vives secousses sous le califat des Abbassides. Sous le règne de Motammed-Billah,
un des princes de cette dynastie, Ahmet-
ebn-Tholon, gouverneur de l'Égypte pour
le calife, se rendit indépendant dans cette
province, et y devint le fondateur d'une puissance qui se soutint parmi ses descendans,
jusqu'à l'an de l'hégire deux cent quatre-
vingt-douze. Les Abbassides rentrèrent alors
en possession de l'Égypte par la force des
armes ; mais ils ne furent pas long - temps
sans y voir de nouveau leur autorité mé-
connue. Aboubekre-Mohammed leva pour la
seconde fois contre les Abbassides l'étendard
de la révolte en Égypte, et transmit jusqu'à

sa troisième génération le pouvoir souverain qu'il avait usurpé. Les Fatimites, ennemis déclarés des Abbassides, et qui poursuivaient alors le cours de leurs conquêtes en Afrique, parurent sur ces entrefaites en Égypte à la tête d'une armée formidable, et après avoir dépossédé Ali, petit-fils d'Aboubekre, ils fondèrent une (2) ville dans ce pays, qui devint le siége de leur empire. Ils y maintinrent leur souveraineté et leur prétention au titre de seuls et véritables pontifes de la religion musulmane, pendant l'espace de plus de deux cents ans. Adhed, onzième calife de cette dynastie, perdit enfin l'un et l'autre par sa faiblesse et par son imprudence. Ce prince se voyant exposé chaque jour aux invasions des Francs, que l'ardeur des croisades avait appelé en Orient, crut ne pouvoir mieux leur résister qu'en ouvrant l'entrée de ses états aux armées de Nouredin, sultan d'Alep, dont il implora la protection. Cette démarche du calife amena dans son royaume un en- nemi beaucoup plus formidable que tous les croisés qui l'avaient attaqué jusqu'alors. Saladin, un des généraux que Nouredin lui avait envoyé, tourna contre le calife lui-même les armes qui devaient le défendre, et s'en servit pour lui enlever la couronne et pour se rendre à sa place souverain absolu en Égypte. C'est de cette révolution que date dans ce pays l'extinction de la puissance des Arabes. En effet, quoique Saladin, pour légitimer son usurpation, se donnât pour le vengeur des Abbassides, cependant il ne leur permit jamais d'entrer en concurrence avec lui dans tout ce qui avait rapport à la puissance temporelle, et il ne leur conserva d'autre autorité en Égypte, que celle de chefs suprêmes de la religion musulmane.

L'Égypte fut alors gouvernée par des princes, qui sont connus dans nos histoires sous le nom de sultans ou soudans. L'époque de leur règne rappelle les dernières lueurs de gloire qu'on ait vu briller dans ce pays. S'ils ne firent pas fleurir les sciences, ils se rendirent célèbres par leur courage. L'étendue de l'Égypte devint trop étroite pour l'ambition de ces nouveaux maîtres, qui songèrent bientôt à s'étendre au dehors par des conquêtes. Plus d'une fois les croisés firent l'épreuve de la vaillance des soudans. Il n'est personne qui ne connaisse Saladin et les faits mémorables de son règne ; il n'est personne aussi qui ne se rappelle le malheureux résultat de l'expédition de saint Louis en Égypte. Il n'eut pas, comme nous, la gloire de porter ses armes jusqu'au de là du Tropique du cancer ; son armée battue dans les plaines de la Mansoure, sa personne même tombée entre les mains des Égyptiens, furent un trophée d'orgueil pour les soudans, et un sujet de deuil général pour la France. Enfin, pour mieux faire connaître toute la puissance de l'empire que Saladin avait fondé en Égypte, je dirai que dans le court espace de quatre-vingt-un ans qu'il subsista, il détruisit presqu'entièrement le royaume de Jérusalem, et dégoûta pour toujours les Européens de vouloir régner dans un pays qui avait déjà servi de tombeau à la moitié de l'Europe.

De si brillans exploits semblaient pourtant promettre une longue durée à cet empire, qui, sans doute, se fût maintenu en Égypte pendant un grand nombre de siècles, sans un vice que les successeurs de Saladin avaient introduit dans leur gouvernement. Je veux parler de la faute qu'ils firent de confier la garde de leurs personnes à cette fameuse milice de mameloucks, ou, si on l'aime mieux, d'esclaves militaires, ainsi que le signifie le terme arabe, qui se sont perpétués jusqu'à nos jours, et nous ont si long-temps et si vaillamment disputé la possession de l'Egypte. Malek-al-Saleh, un des derniers successeurs de Saladin, introduisit le premier les mameloucks dans ses états, en achetant un nombre très-considérable d'esclaves des mains des Tartares qui ravageaient pour lors toute l'Asie (3). Cette nouvelle milice ne tarda point à vouloir disposer d'une couronne dont on lui avait confié la première défense. C'est ainsi

que les gardes trop nombreuses ont toujours
fait le malheur des princes qui les ont ap-
pelées pour être les soutiens de leur trône ;
c'est ainsi que les prétoriens disposaient de
l'empire romain ; c'est ainsi que l'on voit encore les janissaires, à Constantinople, ren-
verser et élever des empereurs à leur gré.
Après la bataille de la Mansoure, les mameloucks, irrités de ce que Al-Moâddam, sultan
d'Égypte, avait traité, contre leur volonté,
de la liberté de saint Louis, se révoltèrent
contre lui, et le tuèrent à coups de flèches
au moment où il traversait le Nil pour se
soustraire à leur fureur. Le trône d'Égypte,
devenant vacant par cette mort, se trouva à
la disposition des mameloucks, qui le donnèrent à Ibek-le-Turcoman, leur général.

L'époque où je suis présentement arrivé,
offre une des plus grandes singularités que la
fortune ait jamais montrées dans les annales
d'aucune autre nation du monde. Pendant
deux cent soixante et quinze ans l'on voit,
revêtus de la pourpre royale, en Égypte,

des hommes qui n'ont d'abord paru, dans ce pays, que le front courbé sous le joug de l'esclavage militaire. Je n'entrerai point dans le détail des actions du premier fondateur de cette monarchie, non plus que de celles de tous les mameloucks qui, après lui, régnèrent en Égypte. Et en effet, quel intérêt pourrait-on prendre à un récit où la scène ne serait occupée que par des princes d'un caractère semblable à celui que je vais dépeindre. Ils ne connurent tous d'autres vertus que les vertus guerrières ; du reste également barbares et ambitieux, ils n'achetèrent le trône que par des dépositions ou des assassinats, et traitèrent leurs sujets avec la même férocité dont ils usaient envers leurs compétiteurs ou leurs maîtres. Jusqu'au moment de leur domination, l'Égypte, à la vérité, avait souvent passé par des époques désastreuses; mais ces temps de calamités ne s'étaient succédés que par intervalle, et avaient été rachetés par d'autres qu'on aura su aisément démêler en parcourant ce récit, et pendant lesquels les Égyptiens avaient long - temps joui d'un bonheur pur et sans mélange. Sous le gouvernement des mameloucks, il ne fut pas même permis à l'Égypte d'espérer cette alternative de malheur et de félicité. A un règne cruel et barbare, il en succédait toujours un autre où l'on voyait se renouveler tous les maux du règne précédent; des princes toujours divisés entre eux, toujours prêts à se déchirer, ne s'accordant que sur la volonté de dépouiller et d'opprimer les peuples que la terreur de leurs armes et le bruit de leurs cruautés courbaient sous leur obéissance.

Cependant un empire formidable s'élevait alors, en Asie, sur les débris de celui des Arabes, et menaçait, comme lui, d'envahir le monde entier. Les Turcs, nation barbare, sortie du nord de l'Asie, après avoir partagé avec les Tartares les dépouilles des Arabes, refluèrent vers l'Europe et songèrent à s'y établir. L'Europe, intimidée de la rapidité de leurs conquêtes, craignit une seconde fois de devenir musulmane. L'empire d'Orient, que celui

des califes avait si fort ébranlé, disparut cette
fois de la surface de la terre, et Constantinople,
qui en avait été le siége, servit de capitale
à une nouvelle puissance. L'épouvante, la
mort et l'ignorance marchaient sur les pas de
ces nouveaux conquérans. Les sciences et les
arts, compagnons de la paix et de la tranquillité, abandonnèrent pour toujours Constantinople, et vinrent ranimer l'Europe qui
croupissait depuis long-temps dans les ténèbres de la plus profonde ignorance. C'est de
ce temps que date parmi nous la renaissance
des sciences et des lettres. Bocace, Pétrarque
et le Dante, avaient déjà préparé cette époque
par leurs immortels ouvrages. Les Turcs, satisfaits de régner sur des ruines, ne regret-
tèrent point cette perte, et ne songèrent
qu'à étendre plus au loin leurs ravages, en
marchant à de nouvelles conquêtes. Selim,
neuvième sultan Othmanide, porta le premier, en Égypte, la gloire des armes ottomanes. Ce pays, depuis bien des siècles,
semblait destiné à devenir la proie de tout

conquérant qui voulait prendre la peine de s'en emparer. Une seule campagne suffit à Selim pour exterminer presque entièrement les mameloucks, et pour ranger toute l'Égypte sous les lois de l'empire ottoman.

Sous la domination des Turcs, le malheur de l'Égypte fut porté à son comble. L'ignorance farouche de ces peuples venant à planer sur des contrées que les dissensions des Arabes et le caractère barbare de la plupart des princes qui les avaient gouvernées depuis, avaient précipitées de l'état le plus brillant de la splendeur dans un abîme de maux, de misère et de barbarie, acheva d'y éteindre entièrement les faibles étincelles de génie qui pouvaient avoir résisté à tant de malheurs, pour se conserver dans le cœur d'un petit nombre d'Égyptiens. Ces peuples, foulés de toutes parts et avilis chaque jour davantage par le gouvernement le plus détestable qui puisse peser sur la terre, oublièrent absolument ce qu'avaient été leurs ancêtres, et ne conservèrent plus d'autre ambition que de diminuer le poids de leurs maux, en montrant la plus servile soumission au despotisme de leurs maîtres. Le caractère de la nation se refondit entièrement sur un nouveau modèle : toute idée, grande, généreuse et sublime ne fut plus connue parmi elle; et elle ne laissa plus percer que des traits d'un caractère bas et rampant, tel enfin qu'on le trouve encore de nos jours dans la nation Égyptienne.

Le climat même de l'Égypte se ressentit aussi de la funeste influence de cette conquête. Les canaux creusés pour recevoir les eaux du Nil, lors de l'inondation périodique de ce fleuve, n'étant point nettoyés par les Turcs, dont l'insouciance laisse tout détruire sans jamais rien réparer, s'encombrèrent de telle sorte, qu'au moment de la baisse du Nil, les eaux ne trouvant plus d'issue pour retourner dans leur lit, ou pour se dégorger dans les terres, formèrent des mares stagnantes qu'un trop long séjour, dans un même lieu, frappa bientôt de corruption. Des va-

peurs méphitiques s'exhalèrent alors de ces
fanges infectes et humides, et engendrèrent
avec elles le terrible fléau de la peste, qui toujours reproduit par les mêmes causes (4), n'a
jamais depuis abandonné l'Égypte, et qui,
maintenant, comme alors, va porter toutes
les années la désolation et la mort dans toutes
les parties de ce pays.

Tant que l'empire des Turcs conserva cet
aspect menaçant, qui l'avait rendu la terreur de l'Europe, ils gouvernèrent l'Égypte
en maîtres absolus. Mais les vices inséparables
d'un gouvernement despotique, ne tardèrent
point à sapper les fondemens de leur grandeur. Les Amurat, les Mahomet et les Soli-
man, avaient porté à son plus haut point la
gloire des armes ottomanes. Leurs successeurs s'endormirent au milieu des plaisirs du
sérail; et, bien loin de chercher à immorta-
liser leur mémoire, en imitant les exemples
que leur avaient laissé ces grands hommes,
ils se laissèrent détrôner par leurs janissaires
et gouverner par leurs visirs. La puissance

ottomane s'éclipsa : les Européens qui, si long-temps, avaient fui devant les janis-saires, apprirent enfin à ne plus les redouter et les firent trembler à leur tour. Les Turcs, vaincus de toutes parts, n'osèrent plus fran-chir les bornes de leur empire; et si, malgré tous leurs revers, ils se soutiennent encore en Europe, c'est qu'il entre dans la politique des principales puissances de cette partie du monde, de ne pas les renvoyer dans les dé-serts de l'Asie.

Les mameloucks profitèrent de cet état d'a-baissement, où était tombé l'empire ottoman, pour recouvrer en Égypte une autorité dont on les avait si promptement dépouillés. Les chefs de cette milice prirent en main l'administration des affaires, et ne laissè-rent plus que l'ombre du pouvoir aux mi-nistres de la Porte ottomane. Depuis ce mo-ment, jusqu'à celui de notre débarquement en Égypte, ils ont toujours continué d'y exercer tous les droits de la souveraineté; et quoique malgré la révolution faite par les mameloucks, le pays fût encore compté au nombre des provinces de l'empire ottoman, il n'en est pas moins vrai qu'on n'y reconnaissait d'autres lois que celles qui étaient dictées par le caprice des beys. Les pachas que la Porte envoyait pour gouverner l'Égypte en son nom, se trouvaient entièrement à la merci des mameloucks. Faute de moyens pour s'y opposer, ils trouvaient bon tout ce que voulait faire cette milice; et s'il leur arrivait quelquefois de heurter trop violemment la volonté des beys, ceux-ci, sur une simple sommation, qu'ils leur faisaient signifier par un héraut vêtu de noir, les déposaient de leur autorité, ou, passant même à de plus grands excès, ils les chassaient honteusement de l'Égypte.

Les Turcs, cependant, n'avaient point vu avec une entière indifférence les progrès de la puissance des mameloucks, en Égypte, depuis la déchéance de leur gloire; mais toutes leurs tentatives, pour s'y opposer, étaient toujours demeurées sans succès. Leurs

armées, pour lors, sans discipline et sans courage, n'avaient jamais pu résister aux charges
rapides de ces mameloucks, qui n'ont pu être
domptés que par des nations dans toute la
force de leur splendeur et de leur gloire.
Quelques années avant notre débarquement
en Égypte, les Turcs avaient encore voulu essayer une fois de ressaisir, dans ce pays, ce
pouvoir absolu qu'ils y avaient occupé dans
les temps de la prospérité de leur empire ;
mais ce même Morad-bey, dont les défaites ont
illustré, depuis, le nom du général Desaix,
plus heureux cette fois-ci, avait exterminé
leur armée, victorieuse d'abord de tous les
efforts des mameloucks, dans les déserts de
Girgeh. Tous ces désastres avaient engagé les
ministres de la Porte ottomane à renoncer
à leurs projets sur l'Égypte, et à se contenter
de l'autorité précaire, qu'y exerçaient en
leurs noms les pachas qu'ils y envoyaient.

Telles sont les différentes révolutions qui,
dès les premiers siècles du monde jusqu'à nos
jours, se sont succédées en Égypte, et tel

était alors l'état de cette contrée, lorsque les Français qui avaient à venger des outrages fréquens qu'ils avaient reçus des beys de l'Égypte, et qui, à ce premier but, joignaient le motif beaucoup plus puissant de tarir la source des richesses de l'Angleterre, en détruisant son commerce dans les Indes orientales, formèrent le projet, pour s'ouvrir une route qui pût les mener un jour à l'exécution de ce grand dessein, de porter leurs armes en Égypte.

FIN DE L'INTRODUCTION.

3 *

LIVRE PREMIER

J'AVAIS à peine atteint ma seizième année, et déjà, depuis long-temps, je désirais m'éloigner des lieux qui m'avaient vu naître. Dès ma plus tendre enfance, le goût des voyages lointains s'était profondément enraciné dans mon ame. L'augmentation graduelle des années et la lecture de divers voyageurs célèbres, avaient fortifié cette passion vers laquelle tendaient tous mes désirs. L'Amérique eût été le pays vers lequel j'aurais le plus volontiers porté mes pas. Les hautes montagnes couvertes de glaces, qui occupent une grande partie de la surface de ce vaste continent, les forêts nombreuses qu'il renferme, la largeur, la profondeur et surtout l'immense étendue des fleuves qui l'arrosent, enfin tout ce que la nature offre en grand dans ce nouveau monde, et que nous ne voyons qu'en petit dans notre Europe, étaient des objets bien

propres à irriter ma curiosité. Mais des obstacles insurmontables s'opposaient alors à ce
voyage. La révolution française avait allumé
une guerre vive et terrible entre la France
et l'Angleterre; et cette dernière puissance,
maîtresse d'une marine formidable, couvrait
l'Océan de ses vaisseaux, et fermait, de ses
nombreuses flottes, tous les parages de l'A-
mérique.

Mes projets ne pouvant avoir lieu de ce
côté, je tournai mes regards ailleurs et les
arrêtai sur l'Italie. Ce pays venait d'être témoin des premières campagnes du général
Bonaparte. Long-temps ravagé par les armées
française et autrichienne, il devait enfin au
traité de Campo-Formio, le retour du calme
et de la tranquillité. Ce moment me parais-
sant favorable pour le but que je me propo-
sais, je songeais à en profiter, lorsque les
préparatifs formidables qui se firent à cette
époque à Toulon, et dans d'autres ports de
la Méditerranée, pour une expédition qu'on
voulait tenir secrète, mais dont la destination

ne tarda pas à être bientôt connue, portèrent toute mon attention sur les pays où
cette expédition devait se rendre. J'oubliai
dans l'instant et l'Amérique et l'Italie, et ne
pensai plus qu'à faire partie de l'armée qui
devait sortir des ports de la Méditerranée
pour faire voile vers l'Égypte. Étant ainsi
résolu à courir les risques de ce voyage, je
demandai à être enrôlé parmi le nombre des
braves qui devaient tenter les hasards de
cette expédition lointaine, et ma demande
m'ayant été accordée, je me rendis à Toulon avec autant de précipitation que si
j'eusse craint de ne pas m'y trouver à temps
pour partir avec la flotte.

Au moment de mon arrivée, l'armée, qui
devait sortir de ce port, était en grande partie
embarquée. Il est impossible de peindre l'ardeur qui régnait parmi les braves qui la composaient. La présence du général Bonaparte
inspirait aux troupes une confiance sans
bornes, présage certain des succès qu'elles
devaient obtenir. La fortune de ce grand

homme électrisait jusqu'au dernier de ses soldats. L'enthousiasme était général. Je ne puis mieux le comparer qu'à celui qui animait ces aventuriers Espagnols qui, lors de la découverte du nouveau monde, partaient en foule pour aller en arracher les trésors.

Le 30 floréal an 6 (19 mai 1798), sur les dix heures du matin, plusieurs coups de canon, tirés par intervalles, annoncèrent le moment du départ. La flotte et le convoi appareillèrent sur-le-champ et sortirent de la grande rade de Toulon. Je me voyais arrivé au comble de mes vœux. J'étais embarqué pour une expédition qui, selon toutes les apparences, devait occuper une place importante dans les fastes de l'histoire moderne. Mon amour-propre était flatté de courir après des périls qui allaient me devenir communs avec les meilleures troupes de l'Europe. Tout ce qui s'offrait autour de moi, était fait pour ajouter à mon enthousiasme ; je ne pouvais me lasser de considérer le spectacle imposant que présentait la réunion d'un si grand nombre de voiles. Ma vue se perdait au milieu d'une multitude de mâts qui ressemblaient à une forêt dépouillée de ses feuilles. La mer était couverte de vaisseaux. Des avisos, chargés de se tenir sur les ailes du convoi, empêchaient qu'aucun bâtiment de transport ne s'écartât de la route. Toute la flotte marchait ainsi de concert, et présentait, par cette réunion, l'image d'une ville flottante. Un vent impétueux de nord-ouest secondait parfaitement l'impatience générale, et nous faisait espérer d'arriver en peu de temps vers ces plages lointaines, que notre présence et l'éclat de nos victoires devaient faire sortir de l'oubli. La flotte se dirigea d'abord sur la Corse; elle passa entre cette île et l'Italie, et arriva, après dix-huit jours de navigation, à la hauteur de la Sicile. J'éprouvai un plaisir inexprimable en apercevant cette île autrefois si célèbre. J'aimais à me rappeler tous les anciens événemens dont elle a été le théâtre; la première guerre punique, qui dura vingt-quatre ans, le siége de Syra-

euse par les Athéniens, ainsi qu'une multitude d'autres faits qui lui ont acquis un si
grand nom dans les temps de la Grèce et de
Rome. La flotte ne cotoya la Sicile que pendant l'espace de quelques heures ; elle s'en
éloigna dans la nuit, et se trouva le lendemain,
de grand matin, par le travers de l'île du
Goze. Cette île portait anciennement le nom
d'une nymphe nommée Calypso (5). Tout le
monde connaît les amours et les aventures de
cette nymphe avec Ulysse et Télémaque. Le
soir de cette même journée, les vaisseaux de
ligne s'approchèrent de Malte, avec l'ordre
de tenter une descente auprès de cette ville,
dans le cas où le grand-maître refuserait au
général Bonaparte, qui la lui avait demandée,
la permission de nous laisser faire de l'eau
dans tous les mouillages de l'île. Le parlementaire qu'on avait envoyé pour cet effet, étant
venu notifier le refus du grand-maître, le débarquement fut effectué sur plusieurs points
à la fois. Les Maltais furent chassés de tous
les postes qu'ils occupaient sur les côtes,

poursuivis la baïonnette dans les reins jusque dans la capitale de leur île, et après quelques jours de siége, obligés de céder au génie supérieur de Bonaparte, une place qui, dans un autre temps, avait fait échouer sous ses murs tous les efforts de l'empire ottoman.

La ville de Malte est située sur un rocher aride, qui semble s'élever du sein de la mer, pour montrer que rien n'est impossible à la puissance de l'homme, et qu'il triomphe même des obstacles que lui oppose la nature. C'est du moins la première réflexion que fait naître la vue d'une île que la nature a condamnée à la stérilité, et que la main de l'homme a su façonner à l'agriculture. La position avantageuse de la ville de Malte et les fortifications qui l'entourent, la mettent au rang des plus fortes places du monde. Son port est un des plus beaux, des plus grands et des plus sûrs de la Méditerranée. Les plus gros vaisseaux peuvent mouiller à dix pas du quai qui en orne le contour. La ville de Malte est divisée en trois quartiers séparés les uns des autres, soit par la mer, soit par des fortifications. La Cité-Valette est le plus beau et le mieux construit des trois. L'on y remarque de magnifiques édifices, parmi lesquels se distinguent le palais des Grands-Maîtres, l'église de Saint-Jean et les hôtels des langues qui composaient l'ordre de Malte. Les rues de ce quartier sont propres, bien pavées et toutes tirées au cordeau. Les maisons sont couvertes de terrasses qui communiquent entre elles et qui servent de promenade dans les soirées d'été.

Nous séjournâmes huit jours dans la ville de Malte. Dans ce court intervalle, le général Bonaparte se hâta d'organiser le nouveau gouvernement de cette île. L'amour de la gloire l'appelait sur un théâtre plus propre à déployer ses talens et à étendre sa renommée. Il brûlait de fouler un terrain qu'avaient parcouru les Alexandre et les César, et de faire comparer son nom aux leurs, en conquérant un pays où ils avaient porté leurs armes. D'autres motifs non moins puissans, l'engageaient encore à précipiter son départ. Le gouvernement britannique, effrayé des préparatifs formidables qui s'étaient faits en France et en Italie, avait envoyé une escadre dans la Méditerranée, pour s'opposer aux entreprises qui en étaient l'objet. Il fallait donc prévenir cette flotte, et débarquer en Égypte avant qu'elle pût avoir le temps de nous en défendre l'approche.

Le 30 prairial (18 juin 1798), l'armée reçut ordre de se rembarquer, et toute la flotte appareilla aussitôt et s'éloigna du port de Malte. Le vent, pendant plusieurs jours, refusa de seconder notre ardeur ; et ce ne fut qu'avec des peines infinies que nous gagnâmes la hauteur de l'île de Candie. Cette île, sous un autre nom et dans d'autres siècles, marchait de pair avec les empires les plus florissans. Maintenant elle ne forme plus qu'une partie presqu'ignorée des vastes domaines du Grand-Seigneur. Le vent, qui nous avait abandonné depuis notre départ de Malte, s'éleva pour lors avec impétuosité dans la partie du nord-ouest, et nous porta en peu de jours sur les côtes de l'Égypte. Le moment n'était rien moins que favorable pour tenter un débarquement. La mer agitée par un vent furieux, élevait ses ondes écumantes à une hauteur prodigieuse, et menaçait d'engloutir toutes les chaloupes que l'on voudrait lancer à l'eau. Mais un ennemi bien plus terrible que la mer, nous fit passer par-dessus cette crainte. Les Anglais, qui avaient devancé notre marche, étaient arrivés avant nous sur les côtes de l'Égypte; ayant appris que nous n'avions point encore paru devant Alexandrie, ils avaient été nous chercher du côté de l'île de Chypre. Il était à craindre que ne nous trouvant point dans ces parages, ils ne revînssent sur leurs pas et n'attaquassent avec trop d'avantage des vaisseaux encombrés de munitions et de troupes. Aussi malgré l'agitation des eaux et le désordre des vents, le général Bonaparte, pour éviter un plus grand danger, donna l'ordre du débarquement. Dans un instant toute la mer fut couverte de chaloupes. Jamais on ne vit de spectacle plus effrayant et plus sublime tout à la fois. Les chaloupes de l'escadre surchargées de troupes, roulaient sur des montagnes d'eau, en suivaient tous les mouvemens et disparaissaient avec elles dans l'abîme. Elles ne reparaissaient de temps à autre, que pour faire trembler de nouveau sur le sort des soldats qu'elles portaient. Alexandrie et les déserts qui l'environnent, se distinguaient dans le lointain. Quelques palmiers épars çà et là étaient les seuls arbres qui ombrageassent ces terres arides. Des Arabes bédouins galopaient le long du rivage, et se portaient partout où le danger leur paraissait le plus pressant. Cependant ni la fureur de la mer, ni le courage de leurs ennemis, ne purent rebuter la valeur opiniâtre de nos troupes. Elles vinrent à bout de triompher de tous les obstacles que leur opposaient la nature et les hommes : en deux jours toute l'armée fut à terre et en possession d'Alexandrie.

Je pénétrai dans les murs de cette ancienne capitale de l'Égypte, le cœur palpitant de joie de me trouver dans une ville qui, par les soins des Ptolomées, était devenue l'égale de Rome et de Carthage et l'entrepôt du commerce de toute la terre. Il est impossible de peindre l'étonnement dont je fus saisi en considérant l'état déplorable où l'ont réduite de nos jours les ravages de tant de siècles et les secousses de tant de révolutions. A peine osais-je m'en fier à ma vue. Je cherchais vainement ces superbes édifices qui ornaient cette vaste cité, ces places publiques, ces portiques, où circulait une population de neuf cents mille ames; je ne voyais autour de moi que des petites maisons d'un aspect triste et sombre, que des hommes d'une figure farouche, couverts de haillons et d'une vermine dégoûtante. Je ne pouvais reconnaître ce sol, que les productions des arts les plus sublimes avaient surchargé du poids d'une si grande masse de gloire. Tout passe donc sur la terre, me disais-je en moi-

même ! les empires les plus florissans s'anéan-
tissent ainsi que l'homme : leur existence
présente les mêmes périodes que la sienne ;
ils ont leur temps d'enfance, d'adolescence
et de virilité ; c'est à ce dernier âge qu'ils
jettent tout l'éclat dont ils sont susceptibles :
la vieillesse s'empare ensuite d'eux, ils tombent, et ne sont plus connus que par la
renommée. Telles étaient les réflexions que
faisait naître dans mon ame le spectacle d'une
ville qui, après avoir fait dans un temps
toute la splendeur de l'Égypte, est la première maintenant à en montrer la décadence
à tous les étrangers qui abordent dans ce
pays.

La prise d'Alexandrie nous ayant ouvert
les portes de l'Égypte, le général Bonaparte
se hâta de profiter de ce premier succès
pour marcher à des succès encore plus grands.
Il ne donna d'autre intervalle à son départ,
que le temps qu'il lui fallut pour organiser le
nouveau gouvernement d'Alexandrie, tracer
le plan des fortifications qui devaient la

mettre à l'abri des insultes de nos ennemis ,
et conclure la paix avec les tribus arabes
qui pouvaient inquiéter notre marche sur le
Caire. Dès qu'il eut pourvu à tous ces soins ,
il laissa le commandement d'Alexandrie au
général Kléber, qui avait été blessé à l'attaque
de ses murs, et il vint rejoindre l'armée , qui
était campée dans le désert. A son approche,
elle s'ébranla sur tous les points, et dans un
instant l'on vit flotter nos drapeaux et déployer nos phalanges dans des lieux que la
nature semble avoir privés de ses dons, pour
les consacrer au silence et à la tranquillité.

Nous partîmes d'Alexandrie le 18 messidor
an 6 (6 juillet 1798). Les souffrances que
nous éprouvâmes dans notre marche sur la
ville du Caire, sont tellement inconcevables,
que je suis encore étonné d'avoir pu les surmonter. Environnés d'abord de déserts jusqu'à
notre arrivée sur les rivages du Nil , nous n'a-
vions d'autre point de vue pendant le jour que
des terres sablonneuses, d'autre retraite pendant la nuit que le sable que nous foulions sous

4

nos pieds. Chaque pas que nous faisions dans ces contrées arides, semblait toujours dérouler à nos yeux de nouvelles solitudes. L'on ne peut mieux comparer ces déserts, qu'à une mer dont il est impossible d'apercevoir les bornes. En effet, de quelque côté que nous voulussions porter nos regards, nous ne distinguions jamais d'autres objets autour de nous, que le ciel et un océan de sables. Rien de plus monotone que la triste uniformité des déserts; rien de plus propre à inspirer la terreur et l'effroi, que le silence profond dans lequel ils sont constamment plongés. La nature est ici impossible à reconnaître, puisqu'elle se montre totalement différente de ce qu'elle est dans toute autre partie de la terre. On la voit dépouillée de ses charmes, de ses attraits les plus rians, et ne présenter partout que l'image effrayante de son anéantissement.

La chaleur accablante du climat de l'Afrique, fut une de nos principales peines dans notre marche à travers ces déserts. Elle nous incommodait avec d'autant plus de force,

que nous n'y avions point été préparés. Transportés dans l'espace d'un mois d'un climat
tempéré, dans un pays voisin du Tropique,
nous pouvions beaucoup plus difficilement
supporter les effets inséparables d'un changement aussi subit. Tous ces maux, cependant, nous eussent paru tolérables, si nous
eussions trouvé à étancher la soif dévorante
qui nous accablait, et qui redoublait à mesure que le soleil s'élevait au-dessus de nos
têtes. Mais cette consolation nous était même
refusée. Aucun ruisseau limpide, aucune
source bienfaisante, ne varient l'aspect monotone des déserts. Nous rencontrions seulement de temps à autre quelques citernes à
moitié épuisées, soit par les Arabes qui nous
harcelaient, soit par la division du général
Desaix, qui marchait à l'avant-garde. Pour
surcroît de souffrances, cette soif cruelle qui
nous tourmentait, était sans cesse aiguil-
lonnée par l'action du mirage. Ce phénomène
a communément lieu dans les terres situées
sous un ciel aride et brûlant. Lorsque l'inté-

4 *

rieur de ces terres est échauffé par l'ardeur
du soleil, elles prennent à leur surface une
couleur blanchâtre et semblable à celle de
l'eau. Au commencement de la marche, ce
phénomène trompa toute l'armée : aussi la
persuasion où l'on était de voir de l'eau devant soi, donnait des ailes aux plus fatigués ;
mais à mesure que l'on approchait, l'effet du
mirage s'éloignait. Ce ne fut qu'avec beaucoup d'étonnement et de douleur, que nous
reconnûmes enfin que cette eau prétendue,
n'était qu'un prestige trompeur (6).

Cependant, depuis son départ d'Alexandrie,
l'armée n'avait encore trouvé sur sa route aucun ennemi redoutable à combattre. La cavalerie des mameloucks avait réuni ses forces
à quelques journées en avant de la ville du
Caire, et nous attendait sur le Nil. Les Arabes
bédouins, qui habitent dans le voisinage d'A-
lexandrie, étaient dans ce moment les seuls
ennemis qui inquiétassent notre marche. A
notre arrivée en Égypte, ils n'avaient accep-
té la paix que leur avait offert le général

Bonaparte, que par l'appât des récompenses qui devaient suivre leur soumission ; mais à peine les eurent-ils reçues, qu'ils avaient déjà oublié leurs sermens. Ces Arabes se tenaient nuit et jour sur les flancs, sur les derrières des colonnes, et massacraient sans pitié tous les Français que l'excès de leurs fatigues ou le besoin de trouver de l'eau, faisaient écarter de leurs corps. Les déserts que nous parcourions étaient semés de ces victimes de la misère et de la soif. Leurs cadavres noircis par l'ardeur du soleil et défigurés par des blessures nombreuses, étaient méconnaissables au point qu'on pouvait à peine distinguer s'ils appartenaient à des Français ou à des ennemis.

Les Arabes qui habitent l'Égypte, sont divisés en deux classes. Les uns sont cultivateurs et les autres errans. Les premiers demeurent dans des villages situés sur la lisière des déserts. Ils ont des propriétés qu'ils cultivent, de vastes champs et des pâturages dans lesquels ils font paître leurs troupeaux.

Les villages qu'ils habitent, sont construits en terre, en roseaux et en paille. Ce genre de construction ne peut convenir qu'à un climat aussi uniforme que celui de l'Égypte; sous un ciel pluvieux comme le nôtre, ces villages ne tarderaient point à être réduits en boue. Chaque tribu obéit à un scheik particulier : c'est le nom qu'ils donnent à ceux qui les gouvernent. Ces Arabes cultivateurs mènent une vie sédentaire et tranquille : rarement les voit-on sortir de cet état pour courir au milieu des périls et des armes. Les Arabes errans, au contraire, sont extrêmement remuans. Toute armée dans laquelle ils croient trouver des richesses, devient à l'instant leur ennemie. Ni la foi des traités, ni la sainteté des sermens, ne peuvent lier ces hommes aussi perfides que cruels. Sans asile fixe, sans patrie sédentaire, il n'y a que le vaste espace dans lequel ils demeurent qu'ils n'abandonnent jamais : leurs habitations sont placées dans l'immensité des déserts. Ils campent sous des tentes ou sous de mauvaises cahuttes

construites en roseaux. Leurs troupeaux pais-
sent les ronces épineuses qui croissent çà et
là au milieu des sables. Ces troupeaux forment leurs plus grandes richesses. Ils trouvent dans leur laine de quoi se mettre à l'abri
des injures de l'air, dans leur lait de quoi
fournir à une partie de leur subsistance. Aussi
la conservation d'un trésor aussi précieux
pour ces peuples, est-elle toujours parmi eux
le sujet et le but de leurs perpétuels voyages.
Partout où leurs troupeaux trouvent à se
nourrir, c'est là qu'ils établissent leur patrie.
Le caractère inquiet de ces Arabes ensan-
glante souvent le désert de leurs querelles ;
mais le sang ne coule guère qu'une fois entre
deux tribus différentes, et celle qui est trop
vivement pressée par un ennemi redoutable,
charge promptement sur des chameaux, ses
tentes, ses bagages et ses femmes, et chassant
ses troupeaux devant elle, elle va chercher
une nouvelle patrie dans le fond des déserts.

L'armée, après trois jours de marche et de
souffrances, arriva à Damenhour, ville con-

sidérable, située à cinq ou six lieues des rivages du Nil. Le voisinage de ce fleuve et
deux jours de repos à Damenhour, relevèrent
le courage abattu de nos troupes. Enfin nous
atteignîmes le Nil, et l'armée crut toucher à
la fin de ses peines. Cependant, contre son
attente, sans voir terminer ses souffrances,
elle n'en vit changer que l'objet. Dès ce moment nous n'eûmes plus à souffrir de la soif;
mais un ennemi tout aussi terrible, vint nous
faire alors une guerre acharnée : je veux parler de la faim ; avec les rivages du Nil, nous
avions atteint, il est vrai, un pays riant et
fertile ; mais la terreur que répandait notre
marche, ayant interrompu tous les travaux
de la campagne, les moissons avaient été
abandonnées, et le blé était resté à moitié
coupé dans les champs. Ainsi la fertilité
même des campagnes que nous traversions,
bien loin d'apporter le moindre soulagement
à nos maux, ne servait au contraire qu'à les
irriter. Nous couchions sur des monceaux de
blé, et nous manquions de pain ! Les villages

qui se trouvaient sur notre route ne nous offraient pas, de leur côté, des ressources plus
considérables. La plupart avaient été désertés
à l'arrivée de l'armée. Ceux qui n'étaient point
abandonnés, renfermaient des habitans dont
le seul aspect présentait le degré le plus affreux de la misère. Les nations civilisées se
ressemblent toutes à quelques nuances près.
Il en est ainsi des peuples incultes; et le caractère des modernes Égyptiens retraçaient
à nos yeux ces récits que nous font les voyageurs sur la stupidité des nations sauvages
de l'Amérique. Les habitans que le hasard
réunissait, au moment de notre passage, sur
les monticules de sable qui entourent leurs
villages, ne portaient aucune attention à l'armée qui défilait auprès d'eux. Si quelquefois
leurs yeux se tournaient de notre côté, le
mouvement lent et incertain de leurs pru-
nelles, le peu d'expression de leurs regards,
nous faisaient presque présumer qu'ils ne nous
distinguaient pas. Ni la réunion d'un si grand
nombre d'hommes armés, ni la présence d'un

peuple, dont l'habillement, les mœurs et le langage leur étaient également inconnus, n'étaient capables en aucune manière de les retirer de leur apathie. Leurs habitations, parfaitement analogues à leur caractère, semblent plutôt destinées à servir de tanières à des animaux sauvages, que de lieu de retraite à des êtres raisonnables. L'observateur qui parcourt ces pays déchus de leur ancienne gloire, ne peut s'empêcher de faire un retour sur l'Europe et de craindre que l'ignorance grossière où languissent maintenant les peuples de l'Égypte, ne vienne aussi un jour habiter nos contrées. Les sciences et les arts éclairent alternativement chaque partie du globe, et l'ignorance vient à son tour les envelopper de ses ténèbres. Tel a déjà été le sort de l'Europe : tel il peut redevenir encore; et malheureusement cette raison se fonde sur l'expérience de tous les siècles.

Ce fut dans les plaines de Chebreisse, que nous rencontrâmes pour la première fois la cavalerie des mameloucks. Le général Bona-

parte, qui était prévenu par le rapport de
ses espions , que les ennemis nous attendaient
auprès de ce village , avait ordonné à son armée de se rallier à son quartier-général. A
mesure que chaque division arrivait, elle se
formait sous ses yeux en bataillon carré. Nous
parûmes dans cet ordre de bataille en présence des ennemis. A notre approche, les
mameloucks se répandirent dans la plaine et
nous enveloppèrent de toutes parts. Le spectacle que présentait leur armée, était bien
plus propre à éblouir nos regards , qu'à intimider nos esprits. La beauté de leurs armes,
dont les rayons du soleil nous renvoyaient
tout l'éclat, la richesse de leurs habillemens
rouges, décorés de tout le luxe des nations
asiatiques, formaient un contraste frappant
avec l'armée française, qui, dépouillée de
tous ces vains ornemens, ne présentait de
tous côtés qu'un front de bouches à feu et
qu'un rempart de baïonnettes. Les soldats qui
la composaient, immobiles à leur poste, suivaient de l'œil les mouvemens de l'ennemi,

et n'attendaient que l'instant de son approche, pour lui faire connaître combien la discipline militaire est supérieure au courage désordonné d'une multitude qui n'agit que d'après les impulsions de sa volonté ou de son caprice. Les mameloucks intimidés par notre contenance menaçante et par l'aspect formidable de nos bataillons hérissés de fer et de feu, craignirent de compromettre le sort de leur armée dans une attaque générale. Quelques-uns de leurs chefs, plus intrépides que les autres, osèrent seuls se décider à charger nos carrés; mais nous eûmes peu de peine à repousser les efforts de ce petit nombre d'ennemis. L'affaire fut plus meurtrière pour nous sur le Nil. Le contre-amiral Perret, qui commandait un convoi de barques sur ce fleuve, ayant dépassé par trop d'ardeur la position qu'il avait ordre de conserver et qui liait ses mouvemens à ceux de l'armée de terre, fut entraîné au milieu d'une flotille nombreuse que les mameloucks avaient sur le Nil. Notre convoi éprouva des pertes considérables dans cet engagement particulier, et il eût même fini par succomber sous les coups des ennemis, si les succès de l'armée de terre ne fussent venus le dégager de ce pas dangereux.

Après cette affaire nous poursuivîmes notre route sur le Caire. Nous n'en étions plus éloignés que de quelques journées; mais la cavalerie des mameloucks qui n'avait fait que nous reconnaître à la bataille de Chebreisse, et dont les forces n'avaient point été entamées, semblait devoir renvoyer encore bien loin l'époque de notre entrée dans cette ville. Le 2 thermidor (20 juillet 1798), au matin, sept jours après le premier combat que nous avions livré aux ennemis, nous découvrîmes de nouveau leur armée, rangée en bataille à peu de distance des rivages du Nil, et ayant sur sa gauche ces fameuses pyramides de Memphis, monumens éternels créés par le génie de la première Égypte, et qui, dans leur forme gigantesque, paraissent écraser la terre de leur masse. La vue des pyramides, quarante siècles de souvenirs dont elles rem-

plissent la mémoire, semblèrent électriser
le courage des deux armées. Les mameloucks,
si timides à Chebreisse, chargèrent cette fois-
ci nos carrés avec une intrépidité qui tenait
de la rage. Repoussés dans toutes leurs attaques, ils ne se décidèrent à la fuite qu'après
avoir tout tenté pour la victoire. Les uns,
sous la conduite de Morad-bey, se firent jour
à travers nos carrés et gagnèrent la Haute-
Égypte ; les autres se précipitèrent dans le
Nil pour se joindre au corps d'Ibrahim-bey,
qui, dans la vue de couvrir le Caire, était
rangé en bataille sur la rive droite du fleuve.
La rapidité du courant en fit périr une partie ;
l'autre expira sous les baïonnettes de nos soldats qui les poursuivaient jusque dans l'eau.
Ibrahim-bey voyant la défaite de l'armée de
Morad, se hâta de prendre la fuite et de gagner les déserts de l'isthme de Suez. Tous les
bagages des ennemis tombèrent en notre pouvoir ; nous trouvâmes dans leur camp des
caisses pleines d'or, des schals de cachemire
d'un prix inestimable, et des armes d'une

beauté éblouissante. Toutes ces richesses devinrent la proie de nos soldats, et servirent de compensation aux souffrances inouies qui avaient marqué chacun de leurs pas dans la conquête de la Basse-Égypte.

Le gain de la bataille des Pyramides ayant levé tous les obstacles qui s'opposaient à notre entrée dans le Caire, nous passâmes sur la rive droite du Nil, et nous prîmes possession de cette capitale de l'Égypte. Notre présence ne troubla en aucune manière, l'ordre ni la tranquillité qui régnaient auparavant dans la ville. On ne voyait empreint sur la physionomie des habitans aucun sentiment de joie ni de tristesse. Accoutumés depuis long-temps à courber la tête sous le joug des étrangers, ils regardaient avec indifférence l'issue d'une révolution qui leur amenait de nouveaux maîtres, sans leur donner la liberté. Nos troupes défilèrent paisiblement au milieu d'eux, et allèrent s'établir dans les quartiers respectifs qui leur avaient été assignés.

La ville du Caire a été fondée par Moëzle-Fatimite, premier calife de la dynastie de ce nom qui ait régné en Égypte. Elle est bien loin de ressembler aux trois capitales de l'ancienne Égypte, qu'elle remplace maintenant. L'on a même de la peine à concevoir qu'il soit venu dans l'idée de son fondateur de construire une ville dans des lieux bien plus propres à inspirer la tristesse et le deuil, que ces sentimens d'allégresse que l'aspect d'une capitale doit réveiller dans tous les cœurs. Elle est située au pied du Mokatan, dont le sommet n'a jamais été recouvert de verdure; et la presque totalité de sa circonférence est environnée de déserts. La ville du Caire est généralement mal bâtie, mal percée et mal divisée. Ses plus beaux édifices sont les mosquées à minarets. Les maisons habitées par les particuliers n'offrent aucune apparence extérieure de beauté : la plupart sont bâties en briques, quelques-unes en pierres, et toutes sans aucun goût. Les maisons même des beys ne diffèrent point de celles-ci, dans ce qui a rapport à l'architecture ; il faut pénétrer dans leur enceinte pour reconnaître à la magnificence qu'alors elles étalent, la demeure brillante d'un souverain. L'on y voit des harems où se trouvent réunies les plus belles femmes de l'Orient, et des grands appartemens couverts de superbes tapis de Perse et de Divans richement brodés. Les rues du Caire ne sont point pavées; il résulte de cet inconvénient, que lorsqu'on néglige de les arroser, elles sont obscurcies par une poussière insupportable. Les places les plus remarquables qui se voient dans cette capitale, sont celles de Lesbékieh et de Berket-el-fil. A côté de la place de Lesbékieh se trouve le quartier franc, ainsi nommé parce qu'il est habité par les négocians européens que l'amour du gain conduit en Egypte. Si quelques-uns d'entre eux parviennent à amasser des richesses, elles sont bien cruellement achetées au prix d'une vie abreuvée à chaque instant d'amertume et d'ignominie. Ces négocians européens sont généralement détestés par les habitans du pays; aussi n'y jouissent-ils d'aucune espèce de considération. Avant notre arrivée ils étaient exposés, chaque jour, aux avanies les plus humiliantes ; il leur était défendu de paraître à cheval dans les rues. Si le hasard conduisait un bey sur leur chemin, l'usage les obligeait d'aller au-devant de lui et de lui baiser la main. Cette existence leur était commune avec les Cophtes et les Juifs qui demeurent au Caire. Ainsi que les Francs, les Cophtes et les Juifs habitent dans des quartiers séparés qui portent leur nom. Le Caire contient plusieurs endroits publics où l'on prend du café moka. Ces lieux malpropres, et sans aucun agrément, ne sont fréquentés que par le bas peuple. L'on voit des caravenserails dans plusieurs quartiers de la ville : ce sont de grands édifices carrés, destinés à loger les voyageurs. L'on y voit aussi des hokels, espèces de marchés publics, où se vendent les nègres de tout sexe et de tout âge, apportés par les caravanes qui viennent de l'intérieur de l'Afrique. On ne peut entrer dans ces hokels sans sentir aussitôt tout son cœur se soulever. Ces malheureuses victimes de la cupidité la plus horrible , sont entassées par centaines dans de grands appartemens délabrés, où l'on respire de tous côtés un air impur et méphitique , provenant de la malpropreté qui règne parmi ces misérables. Puisqu'il existe sur la terre des peuples sauvages assez cruels pour se repaître de la chair des ennemis qu'ils ont vaincus, nous ne devons point être étonnés d'en voir d'autres moins barbares que ceux-ci, se borner à trafiquer de l'espèce humaine. Mais ce à quoi l'humanité ne peut songer sans frémir, c'est que ce trafic honteux soit avoué par les nations civilisées de l'Europe. Les caravanes qui conduisent ces nègres, du fond de l'Afrique, apportent aussi avec elles de la poudre d'or, des dents d'éléphant, du séné, et d'autres marchandises dont elles se défont, en Égypte, d'une manière avantageuse. Elles arrivent régulièrement tous les ans.

Le Caire renferme dans son enceinte une citadelle construite sur une hauteur qui domine toute la ville : cette citadelle n'est bonne qu'à réprimer la fureur d'une populace soulevée; son voisinage du Mokatan la met dans l'impossibilité de résister à de l'artillerie et aux attaques d'une armée européenne. La citadelle du Caire est divisée en deux parties, dont l'une porte le nom de citadelle vieille, et l'autre celui de citadelle nouvelle. C'est dans celle-ci que se trouve ce fameux puits de Joseph, monument que la tradition populaire attribue au Joseph de l'écriture, mais que les recherches des savans ne font pas remonter au-delà du temps des califes. L'eau de ce puits, qui a un goût saumâtre, n'est bonne qu'à abreuver des chevaux. Le quartier situé entre la citadelle et le mont Mokatan, est habité par la classe du peuple la plus misérable.

La population du Caire peut monter à environ deux cents mille ames. On est étonné, au premier abord, qu'une ville d'une étendue aussi considérable ne renferme pas une population plus nombreuse; mais cet étonnement cesse quand on considère que les maisons du Caire n'ont, la plupart, que deux étages, et qu'elles ne sont habitées que par une famille. Les rues de cette ville ne présentent point ce tumulte de monde, ce fracas de voitures, si ordinaires dans nos grandes villes d'Europe. L'usage des voitures est inconnu en Egypte; ceux qui entreprennent des voyages dans les pays orientaux, les font à cheval ou montés sur des dromadaires. Toutes les courses que l'on fait dans le Caire, se font sur des ânes d'une agilité et d'une hauteur surprenantes. Ces paisibles animaux, aussi estimés dans ce pays qu'ils sont méprisés dans le nôtre, tiennent lieu de fiacres, de voitures publiques, et enfin, de tout ce qui est propre, dans une grande ville, à établir une communication prompte et rapide. La généralité de la population aisée du Caire, se sert communément de cette monture.

Ce que j'ai dit précédemment de la situation de cette ville, n'a point dû donner une idée fort avantageuse des campagnes qui l'avoisinent. Il faut en excepter cependant celles qui sont placées dans la partie du Caire qui regarde le Nil, et entr'autres l'île de Rahoudah, laquelle prend son nom des superbes jardins qui la couvrent et qui la rendent le lieu le plus agréable et le plus délicieux de l'Égypte. Parmi cette foule de productions végétales, qui concourent à l'embellissement de cette île, l'on remarque principalement le sycomore, qui, par l'épaisseur de son feuillage, procure un abri toujours bien nécessaire dans ces pays embrasés par le soleil de l'Afrique. Cet arbre majestueux ne se plaît pas seulement au milieu des jardins et des terres cultivées de l'Égypte. On le retrouve encore dans les déserts brûlans de ce pays, où la main bienfaisante de la nature semble avoir pris soin de le placer pour servir de lieu de repos au voyageur qui s'égare dans leurs vastes solitudes. C'est à l'extrémité sud de l'île de Rahoudah que se trouve le Mékias, monument construit par le calife Omar, après la conquête de l'Égypte, et qui sert à mesurer la hauteur des eaux du Nil, lors de son inondation périodique. Ce monument, dont l'architecture se ressent du mauvais goût qui régnait parmi les Arabes à l'époque de sa fondation, ne présente rien autre chose de remarquable que l'utilité qu'on en tire.

Les villes du Vieux-Caire et de Boulack sont situées aux deux extrémités de l'île de Rahoudah ; savoir : celle du Vieux-Caire au sud, et celle de Boulak au nord. La ville du Vieux-Caire a été pendant quelque temps la capitale de l'Égypte. Elle a été fondée par Amrou, lieutenant du calife Omar, qui lui donna le nom de Fosthat, mot arabe qui signifie tente, parce que la sienne resta tendue dans ce lieu pendant qu'il marchait à la conquête d'Alexandrie. Ainsi que Boulack, elle sert maintenant de faubourg et de port à la capitale de l'Égypte, qui l'a remplacée dans ses droits. La position de ces deux villes, sur les rivages du Nil, les rend très-propres surtout à ce dernier objet : les marchandises qui arrivent de la Haute-Égypte, se débar-

quent au Vieux-Caire, et celles qui arrivent
de la Basse, se débarquent à Boulack.

Mais c'est assez parler du Caire et de tous
les objets qui concernent cette ville. Reve-
nons maintenant à notre armée, que nous
avons laissée se reposant de ses fatigues dans
le sein de cette capitale. Les batailles de Chebreisse et des Pyramides, la prise d'Alexandrie
et du Caire, avaient commencé d'une manière
bien glorieuse la conquête de l'Égypte; mais
il nous restait encore bien des travaux à entreprendre et bien des combats à livrer, avant
que tout ce pays fût réduit sous notre obéissance. Nos ennemis avaient été vaincus, mais
non point exterminés. Ibrahim-bey, avec ses
mameloucks, s'était retiré du côté de Belbéis,
et Morad-bey, à la tête des siens, occupait
toute la Haute-Égypte. Ces deux beys, si
nous leur en laissions le temps, pouvaient
revenir de leur épouvante, et nous attaquer
avec des forces assez redoutables, pour mettre
de nouveau en question ce que nous avions
décidé une première fois à la bataille des

Pyramides. Pour prévenir un semblable danger, le général Bonaparte résolut de ne point
abandonner leurs traces, jusqu'à ce que le
sort des armes nous eût délivré pour toujours
de toute crainte à leur sujet. Il se transporta
lui-même contre le corps de mameloucks qui
était le plus rapproché du Caire, et, à la tête
de trois divisions de son armée, il marcha
contre Ibrahim-bey. Les déserts de Salahieh
furent témoins d'un nouveau triomphe de
ce général, et de la défaite d'Ibrahim, qui
perdant l'espoir de se soutenir davantage en
Égypte, abandonna ce pays pour aller chercher des vengeurs en Syrie. La fuite de ce
bey ayant laissé toute la Basse-Égypte à notre
disposition, le général Bonaparte se hâta de
retourner au Caire, pour porter alors toutes
ses vues sur la Haute.

Un ennemi bien plus terrible qu'Ibrahim
se préparait à nous en disputer la possession.
Morad-bey avait en partage des talens long-
temps éprouvés dans l'art de la guerre, un
courage au-dessus des plus grandes adversités

et la connaissance parfaite du pays dans lequel il s'était retiré. Depuis l'époque où les mameloucks ont usurpé en Égypte la puissance suprême, la Haute-Égypte a toujours été leur refuge, soit qu'attaqués par un ennemi étranger, il leur ait fallu céder devant une trop grande supériorité de forces, soit que livrés à leurs propres divisions, le parti le plus faible ait été obligé de chercher un abri contre la colère du vainqueur. Inaccessibles dans cette retraite aux poursuites de leurs ennemis, ils y attendaient patiemment que la main tardive du temps ou que quelque événement imprévu, vînt faire prendre un cours plus favorable à leurs affaires. Dans cette cruelle suite de discordes qui déchirent depuis si long-temps l'Égypte, et quelques années avant notre débarquement dans ce pays, Morad-bey avait passé lui-même par cette épreuve du malheur et en était sorti avec gloire. Encouragé par cet exemple, soutenu par les ressources sans nombre que lui offrait son courage, il avait résolu de

conserver son indépendance dans la Haute-
Égypte, estimant que rien n'était désespéré
pour lui, s'il pouvait se maintenir dans cette
contrée.

Le général Bonaparte, retenu pour le moment dans la ville du Caire par l'organisation
des provinces qu'il venait de conquérir, et
méditant déjà pour l'avenir son expédition
de Syrie, ne pouvait se charger du soin de
diriger en personne les opérations de la guerre
qu'on allait porter dans la Haute-Égypte. Pour
surmonter tous les obstacles qui environnaient cette entreprise, il fallait un homme
dont le génie supérieur sût allier aux talens
militaires toutes les vertus sociales. Ces qualités réunies devaient nous faire triompher
bien plus facilement de la valeur des ennemis, en détachant de leurs intérêts des habitans, peu affectionnés à la vérité à la domination des mameloucks, mais accoutumés
depuis un temps immémorial à abhorrer tout
ce qui porte le nom chrétien. Il était donc
nécessaire, pour les faire revenir de cette

idée, qu'ils pussent trouver dans le guerrier qui leur apporterait nos lois, toutes les vertus du philosophe et du législateur. Le général Desaix réunissait toutes ces qualités ; et le général Bonaparte, en lui confiant le commandement de l'armée qui devait agir dans la Haute-Égypte, assurait par avance la conquête de ce pays et le bonheur de ses habitans.

FIN DU LIVRE PREMIER.

LIVRE SECOND.

———

De tous les pays qui sont répandus sur la surface de la terre, il n'en est aucun qui, comme la Haute-Égypte, parle aussi vivement à l'imagination du voyageur. Partout on y rencontre des monumens empreints de souvenirs qui vous portent à la plus haute admiration, et des débris qui vous forcent à gémir sur la dégradation d'un peuple qui les laisse crouler d'un œil stupide et insouciant. C'est dans ces contrées à jamais fameuses dans la mémoire des hommes, qu'existaient les villes de Thèbes, de Tentyra; c'est là que l'on voyait ce superbe labyrinthe, objet de la munificence de douze rois d'Égypte, et enfin tant d'autres lieux célèbres dont les noms ont survécu à l'oubli et une partie de leurs monumens aux outrages des temps. Les préparatifs de la guerre que nous allions porter dans ce pays, se firent à Gizery, village situé sur la rive gauche du Nil, à environ deux lieues du Caire. L'inondation du Nil, ne nous permettant pas de pénétrer par terre dans l'intérieur de la Haute-Égypte, on prit le parti de réunir à Gizery une quantité de barques assez considérable pour nous y transporter par eau. Cette flotille s'étant trouvée prête le 6 du mois de fructidor (23 août 1798), nous nous y embarquâmes, au nombre d'environ trois mille hommes, sous le commandement du général Desaix, et le lendemain, 7 (24 août), à la pointe du jour, nous mîmes à la voile. Malgré la rapidité du courant que nous avions à vaincre, la fraîcheur du vent du nord nous faisait avancer avec une extrême vitesse. Dans peu d'instans nous perdîmes de vue le Caire, les pyramides de Gizeh et celles de Sakaráh. Nous pénétrâmes à force de voiles dans l'intérieur de la Haute-Égypte. Tout éveillait ici dans nos cœurs des sensations nouvelles, des idées jusqu'alors inconnues. L'inondation du Nil imprimait à tous les objets qui se présentaient à nous un caractère, qui, dans aucun lieu du monde, n'avait encore frappé nos regards. Tantôt le Nil contenu entre des rives d'une largeur et d'une hauteur proportionnées au prodigieux volume d'eau qu'il entraînait, roulait ses ondes bourbeuses avec une rapidité incroyable; tantôt il surmontait ses rivages, s'étendait au loin de ses bords et formait une vaste mer, dont l'œil pouvait à peine apercevoir les bornes. Dans ces endroits l'on ne distinguait ni campagnes, ni terres cultivées; les eaux les avaient entièrement englouties. On ne découvrait au milieu de cette submersion générale que quelques forêts éparses de palmiers, dont la cime seule s'échappait du sein des ondes, et que les villes et les villages que renferme la Haute-Égypte, lieux que la prévoyance des habitans, accoutumés à voir le débordement périodique du fleuve qui vient toutes les années vivifier leurs campagnes, a toujours soin de placer sur des élévations de terre que l'inondation ne peut atteindre, et qui sont l'ouvrage de leurs mains. Ainsi à l'abri de la fureur des eaux, ils les voient sans crainte se briser au pied de leurs habitations, et faire naître la fertilité dans leurs provinces du sein même de la dévastation.

Après environ douze jours d'une navigation assez rapide, nous arrivâmes à Abou-Girgeh, premier endroit de la Haute-Égypte, où nous reçûmes des notions sur les ennemis que nous venions chercher dans ce pays. D'après les détails que l'on nous donna, un premier corps de mameloucks se trouvait posté à Richnésé, village peu éloigné du mouillage de notre flotille, et un second à Siouth, grande ville située entre le désert et le Nil, à environ quatre-vingts lieues du Caire. Un bataillon de la 21.me légère, commandé par Desaix en personne, se porte aussitôt sur Richnésé à travers l'inondation du Nil; par la terreur seule de sa marche, il éloigne les mameloucks de ce village, les poursuit vivement jusqu'à celui de Bénésech, s'y empare

de tous leurs équipages, et les oblige enfin
à se jeter dans le désert, pour gagner la
province du Faïoum. Cette expédition terminée, le général Desaix retourne à sa flotille, et fait mettre à la voile pour se rendre
à Siouth. Arrivé à la hauteur de cette ville,
il est informé du départ des mameloucks et
de leur retraite sur le village de Bénadi. En
perdant l'espoir de les combattre à Siouth,
le général Desaix voit aussitôt luire celui de
les surprendre dans leur nouvelle position.
Sa division débarque dans le silence de la
nuit, et après une marche de plusieurs
heures, elle arrive à Bénadi à la pointe du
jour. Elle n'y trouve que le silence et la
solitude. Les mameloucks, instruits par leurs
espions de notre débarquement nocturne,
s'en étaient précipitamment éloignés au premier bruit de notre approche, et avaient
pris la route du désert pour aller joindre
leurs forces à celles de leurs compatriotes
qui se trouvaient déjà dans le Faïoum. Le
général Desaix, trompé dans ses espérances,

mais satisfait en même temps d'avoir ras-
semblé tous ses ennemis sur un seul et même
point, revient à l'instant sur ses pas, et fait
embarquer de nouveau sa division pour pénétrer dans le Faïoum. Le septième jour de
notre départ, nous arrivâmes au commencement du canal de Joseph, qui seul, dans
cette saison, pouvait nous ouvrir l'entrée de
cette province.

Le canal de Joseph, qui est formé par le
Nil, a été creusé dans le dessein de porter
la fertilité de ses eaux dans cette partie de
la Haute-Égypte sur laquelle nous nous dirigions en ce moment, et que son enfon-
cement dans les terres condamnerait bientôt,
sans ce moyen, à l'aridité des déserts. A
l'époque de l'inondation du Nil, ce canal
a toute la largeur et la profondeur des ri-
vières les plus renommées; mais après que
ce fleuve est rentré dans son lit, ce n'est
plus qu'un modique ruisseau qui laisse à
peine sur le sable la faible empreinte de ses
eaux. Le grand nombre de sinuosités qu'on

lui voit former dans son cours, nous en rendit la navigation très-pénible. Nos soldats, avides de gloire et de combats, trouvant que la lenteur de leur marche répondait mal à leur impatience, étaient obligés à chaque instant de s'élancer au milieu des eaux, et de traîner leurs barques avec des cordes, pour imprimer à leur mouvement une plus grande promptitude. Mais tous ces efforts leur étaient bien moins avantageux que nuisibles, l'insalubrité d'un tel genre de vie occasionnant parmi eux un grand nombre de maladies.

Douze jours se passèrent à naviguer de cette sorte, sans pouvoir atteindre le Faïoum. Cependant le nombre de nos soldats diminuait à vue d'œil. Chaque jour quelques-unes de nos barques se séparaient du gros de la flotille, pour aller porter des malades dans la ville du Caire. Enfin le moment approchait où les mameloucks allaient vaincre sans avoir combattu, lorsque notre bonne fortune nous délivra tout à coup de cette

cruelle perspective et nous fit toucher le
terme de tant de pénibles travaux. Arrivés
au village de Bénésech, nous y apprîmes
que Morad-bey, à la tête de quatre mille
mameloucks et d'environ huit mille Arabes
qu'il venait d'engager à s'enrôler sous ses
drapeaux, rempli de confiance et d'espoir
dans ce grand nombre de troupes, s'avançait
à notre rencontre, à travers le désert, dans
le dessein de nous livrer bataille. La vérité
de ce rapport ne tarda pas à se réaliser. Le
13 vendémiaire (4 octobre 1798) au matin,
non loin du village de Mansourah, des cris
de guerre répétés tout le long du rivage,
nous annoncent l'arrivée des mameloucks.
Le débarquement devenant trop périlleux
sous le feu d'une aussi grande multitude
d'ennemis, le général Desaix fait virer de
bord sa flotille, pour l'effectuer à quelque
distance de là. Les mameloucks, encouragés
par ce mouvement rétrograde qu'ils prennent
pour une fuite, poursuivent nos barques avec
ardeur. Le débarquement est enfin ordonné.

Tous à la fois nous nous élançons à terre, et dans un instant nous sommes formés en bon ordre sur les bords du canal de Joseph. A cette vue, les mameloucks s'épouvantent et se dispersent dans le désert. Nous nous acheminons rapidement à leur suite. Rassurés bientôt par notre petit nombre, les ennemis rallient en un seul corps toutes leurs forces et ne reculent plus que pas à pas devant nous et en arrêtant à tout moment notre marche par de sanglantes escarmouches. Le 15 ven-démiaire (6 octobre 1798) au soir, nous arrivons en vue du village de Sédiman. Tout nous faisait présager que les ennemis ne se feraient point chasser au-delà de ce village. Les divers combats qu'ils nous avaient livrés dans leur fuite et par lesquels ils paraissaient avoir voulu faire contre nous l'essai de leurs forces, les cris féroces qui nous parvenaient de leur camp, semblaient avoir marqué le moment où ils voulaient en venir à une affaire décisive. Impatiens nous-mêmes de voir arriver cet instant, nous nous mîmes

en route le 16 vendémiaire (7 octobre 1798)
au matin, avant la naissance du jour, pour
courir au-devant des dangers qui se préparaient à nous assaillir.

Un horizon immense tout couvert d'ennemis rangés confusément en bataille, sans ordre et sans aucun ensemble, selon l'usage des
Orientaux, nous avertit, aux premiers rayons
du soleil, de mettre un terme à notre marche
et de nous apprêter au combat. Le général
Desaix y fut bientôt préparé. Sa division immobile au milieu du désert, n'occupait à la
vérité qu'un espace étroit et d'une bien faible
étendue, mais bordé d'une forêt de baïonnettes
inaccessibles de tous les côtés. Deux pelotons
de soldats placés sur les flancs du carré qu'elle
formait, et disposés eux-mêmes de cette manière, étaient destinés à amortir le premier
feu des ennemis. Tout à coup les mameloucks
disparaissent dans un vaste tourbillon de
poussière, qui aussi prompt que l'éclair, s'a-
vance et roule sur nous. La division n'a que
le temps de faire feu et est de suite envelop-

pée. Le peloton de droite surtout est en butte aux efforts les plus prodigieux des ennemis, et le terrain qu'il occupe, devient d'abord le théâtre du plus terrible acharnement des deux armées. Toutes les passions engendrées par le désespoir et la haine, se peignaient dans cet endroit sur la physionomie des mameloucks, étonnés de tant de résistance dans cette poignée de Français. Un courage tranquille et le mépris de la mort, se lisaient sur le front de ce petit nombre de nos soldats. Ils ne cherchaient point à vaincre : la multitude des assaillans leur en ôtait jusqu'à l'idée; mais du moins, en mourant, ils voulaient éteindre leurs derniers soupirs dans des flots de sang ennemi. Leurs désirs furent satisfaits; ils succombèrent sous le nombre, et leurs corps furent ensevelis sous les cadavres des mameloucks qu'ils avaient immolés à leur vengeance.

Dans l'intervalle de ce combat, le grand carré s'était défendu avec un succès partout égal. L'obstination la plus inouie, l'acharnement le plus incroyable, furent alors employés, mais en vain, de la part des mameloucks, pour parvenir à le forcer. Dans leur aveugle fureur, voyant même que leurs chevaux épouvantés reculaient à l'aspect de nos baïonnettes, ils allèrent jusqu'à les pousser contre nous retournés en arrière, afin de pouvoir ainsi tout à la fois dérober le péril à leurs yeux et chercher, à force de ruades, à leur faire ouvrir les rangs épais de nos bataillons. Tous ces efforts devenant inutiles, quelques-uns d'entr'eux, plus furieux encore que les autres, se laissèrent couler le long de leurs chevaux, et se glissant entre les jambes de nos soldats, ils les leur dépeçaient à coups de poignard. Ayant enfin renoncé à nous vaincre de toutes ces manières, ils prirent le parti de se replier dans la plaine, et de faire jouer leur artillerie, pour essayer par ce moyen, ce que ni leur nombre ni leur valeur effrénée, n'avaient pu exécuter. Bientôt les décharges multipliées de huit pièces de canon, portent la mort et l'épouvante dans nos rangs. Dans un moment l'on voit succéder le silence de la consternation à la joie qu'avait inspiré un commencement de succès. Il n'y avait qu'un moyen de ramener la victoire sous nos drapeaux. C'était de marcher au pas de charge sur l'artillerie des ennemis. Le général Desaix s'y serait déjà décidé, s'il avait su où placer une soixantaine de blessés, qu'on ne pouvait abandonner sans les livrer à une mort certaine. Son ame flotte quelques instans irrésolue. Chaque moment qu'il donne à la pitié, augmente le nombre des blessés. Enfin le salut de l'armée l'emporte et la charge est ordonnée. Aussitôt la colonne s'ébranle. Les blessés se voyant abandonnés, cherchent par leurs gémissemens douloureux, à réveiller la pitié dans le cœur de leurs camarades ; mais chacun est sourd à leurs cris, et la vue du danger général éteint tout sentiment de compassion particulière. Le carré s'éloigne d'eux avec rapidité. Un parti de mameloucks revient alors sur ses pas et sème le désert des membres épars de ces malheureux. A la vue d'une cruauté aussi horrible, la rage et la fureur s'emparent de toutes nos ames. Le carré vole sur les batteries ennemies : l'éclair est moins rapide : la foudre frappe des coups moins affreux : tout fuit, tout se disperse devant nous; et ce désert qui venait de retentir des accens confus de la rage, et des détonations redoublées de l'artillerie de deux armées qui cherchent à se détruire, rentre tout à coup dans ce silence profond dont il n'avait été retiré que pour devenir le théâtre d'une scène parfaitement analogue à sa nature. Cette disparition subite des ennemis nous eût presque fait regarder comme un songe la bataille terrible qui venait de se livrer, sans la vue des morts et des mourans dont la plaine était jonchée de toutes parts.

Le succès de cette bataille fit changer la nature de la guerre que nous étions venus faire aux mameloucks. Cette redoutable milice, ayant vu se briser contre nos baïonnettes tous les efforts les plus puissans qu'il avait été en son pouvoir de diriger contre nous, perdit dès ce moment l'espoir de nous chasser de la Haute-Égypte par la force des armes, et ne vit plus d'autre moyen de conserver la possession de cette contrée, qu'en rebutant notre patience par tout ce que les fatigues d'une guerre fugitive, peuvent avoir de plus pénible et de plus accablant. Telle était la manière antique de combattre des Parthes, qui n'étaient jamais plus à craindre, que lorsqu'ils opposaient la fuite à l'audace de leurs ennemis. De son côté le général Desaix prenait la résolution sur le champ de bataille de Sédiman, de discontinuer une campagne contre une armée qu'il avait considérablement affaiblie, et d'attendre pour lui porter les derniers coups, que l'écoulement des eaux du Nil, pût lui permettre de la poursuivre à volonté et sans aucun de tous ces obstacles qu'il avait eus à surmonter jusqu'à ce jour, dans toutes les parties de la Haute-Égypte où elle chercherait à se retirer. Il borna le fruit de sa victoire dans la circonstance présente, à marcher sur la ville de Faïoum, dans l'intention d'y faire reposer ses troupes, jusqu'à la venue de cette époque. De la position que nous occupions dans ce moment, rien ne nous empêchait de nous rendre par terre à Faïoum. En conséquence il fut ordonné à la flotille qui nous devenait dès-lors inutile, de retourner dans les eaux du Nil, et d'aller attendre de nouveaux ordres dans la ville de Zaoué. Cette disposition prise, la division se mit en mouvement, et le 22 vendémiaire (13 octobre 1798) au soir, sixième jour de sa marche, elle arriva à Faïoum.

La ville de Faïoum est assise sur le bord du désert, dans la partie la plus occidentale des terres cultivées de la Haute-Égypte, et à peu de distance du lac de Mœris, un des monumens les plus étonnans, avec les pyramides de Gizeh, qui soient sortis des mains des anciens Égyptiens. Cette ville, d'une étendue médiocre, ne présente dans son enceinte rien autre chose de remarquable, que des manufactures d'eau de rose, qu'elle distribue à presque toute l'Égypte. Nous nous servîmes avec succès de ce remède, pour la guérison des opthalmies qui régnaient en grand nombre parmi nos troupes. Cette maladie, que tant de Français pleurent encore dans leur patrie (7), est occasionnée par les vapeurs qui s'exhalent du Nil et se fait sentir plus particulièrement dans les momens d'inondation, époque où les évaporations qui s'échappent du fleuve, sont en bien plus grande quantité et plus chargées de matières salines, que dans toute autre saison de l'année. Dans ses ravages périodiques, elle attaque indistinctement les habitans du pays, comme les étrangers; et l'on ne connaît point en Égypte de plus grand fléau que celui-ci, après la peste, par le grand nombre de cécités qu'il y occasionne de toutes parts.

Le général Desaix séjourna quarante jours à Faïoum. L'activité de son ame ne put s'accommoder long-temps de la tranquilité de sa position actuelle, et à défaut d'opérations plus importantes, il couvrit de détachemens la province de Faïoum, afin d'y prélever des contributions qu'il destinait à l'acquittement de la paie de ses soldats. Le bruit de ces opérations étant venu retentir au fond de la retraite où s'était réfugié Morad-bey après la bataille de Sédiman, il détacha sur-le-champ plusieurs centaines de mameloucks pour ordonner aux habitans de se refuser à nos demandes. La présence et les discours de ces agens ennemis, parviennent dans plusieurs villages à allumer le feu de la révolte. Le général Desaix se décide aussitôt à partir de Faïoum, pour rendre l'ordre et la tranquillité à la province. Il emmène avec lui toute sa division, à l'exception de cent cinquante malades et de trois cents hommes qu'il laisse chargés du soin de leur défense. Sur ces entrefaites, cinq mille Arabes et mille mameloucks se réunissent à son insu, et forment le projet de venir surprendre Faïoum. Le 18 brumaire (8 novembre 1798), sur les huit heures du matin, du haut des murs de cette ville, nous voyons un point noir se former et grossir au milieu du désert. Tandis que nous cherchons à en

deviner la cause, les gardes avancées se re-
plient sur la ville et nous annoncent l'ennemi. Chacun se retire à l'instant dans la maison
de mameloucks où étaient casernés les Français. Bientôt les portes de la ville sont forcées; les Arabes et les mameloucks en inon-
dent toutes les rues, et s'établissent dans tous
les postes qui peuvent dominer notre position. Les malades ne veulent point être tranquilles spectateurs d'un combat qui se livre
à leur occasion : ils reprennent leurs armes et
viennent augmenter le nombre des combat-
tans. Pendant plusieurs heures l'on voit les
deux partis s'épuiser inutilement en prodiges
de valeur, pour fixer la victoire chacun de
leur côté. Enfin le chef de brigade Eppler,
s'apercevant que l'acharnement des ennemis
était principalement entretenu par la persuasion où ils étaient de n'avoir affaire qu'à
une poignée de Français, s'avise d'un strata-
gême pour leur donner le change. Tous les
tambours se rassemblent par son ordre; il
les fait suivre chacun d'un détachement de

troupes, leur fait prendre à tous une direction opposée, et leur ordonne de battre la charge dans toutes les rues de Faïoum. A ce bruit, les Arabes effrayés s'imaginent que le général Desaix vient d'arriver à notre secours; la confiance, qui jusqu'alors avait animé leur courage, vient faire place à l'épouvante et à la terreur; tous à la fois, pour éviter la mort qu'ils croient marcher sur leurs traces, se précipitent hors des portes de la ville; et dans un instant nous voyons cette masse si supérieure de forces, disparaître et s'évanouir dans le désert. L'effet que produisit cette victoire, fut aussi rapide que son succès avait été éclatant. Elle fit rentrer dans le devoir tous les villages révoltés, assura la rentrée de nos contributions, et ramena au milieu de nous le général Desaix.

Cependant les eaux provenant de l'inondation du Nil se retiraient de toutes parts, et permettaient de pénétrer à volonté dans toutes les parties de la Haute-Égypte. Dès cet instant toutes les vues du général Desaix ne s'arrêtèrent plus que sur ce qui avait rapport au renouvellement de la guerre contre les mameloucks, qu'il était décidé, cette fois-ci, à ne point abandonner qu'il ne les eût entièrement exterminés ou chassés, du moins pour toujours, du territoire de l'Égypte. Mais avant de s'engager dans cette longue et pénible entreprise, il voulut s'entourer de tous les moyens qui pouvaient la conduire à une heureuse réussite. Dans sa première campagne, sa division avait été considérablement affaiblie, autant par les combats qu'elle avait livrés aux ennemis, que par les ophtalmies et les dyssenteries qui s'étaient manifestées parmi elle. Sans de puissans secours, il devenait impossible au général Desaix de rien entreprendre de décisif contre les mameloucks. Il prévint donc de ses besoins le général Bonaparte ; et afin d'être mieux à portée de recevoir du Caire tout ce qu'il ne pouvait se procurer, par lui-même, pour entrer de nouveau en campagne, il abandonna la ville de Faïoum, et vint s'établir à

Bénésouef, sur les rivages du Nil. De cette
ville, il se rendit lui-même au Caire pour y
activer le départ des renforts qu'il avait de-
mandés au général Bonaparte. Après une ab-
sence de quinze jours, nous le vîmes revenir à Bénésouef, à la tête de douze cents
hommes de cavalerie et de plusieurs bataill-
lons d'infanterie, ce qui lui composa, y
compris ceux qui avaient déjà combattu sous
ses ordres, un corps d'armée d'environ cinq
mille hommes. Tandis que l'arrivée de ces
troupes venait augmenter le nombre de nos
forces, la flottille qui, peu de temps auparavant, avait été envoyée à Zaoué, était rap-
pelée à Bénésouef; on la chargeait de munitions de guerre et de bouche, afin de fournir aux besoins de l'armée dont elle avait
ordre de suivre tous les mouvemens; et l'on
armait les plus grosses de ses barques de pièces
de canon, pour qu'elle pût se défendre, par
elle-même, si on venait à l'attaquer dans un
moment où la division serait hors d'état de la
secourir. Enfin, lorsque tous ces préparatifs

eurent été terminés, l'armée sortit de Bénésouef, et s'avançant le long des rivages du
Nil, elle marcha à grandes journées à la poursuite des mameloucks.

Un spectacle entièrement différent de celui
que présentait la Haute-Égypte à l'époque
où, pour la première fois, nous y avions
porté nos armes, se développait maintenant
de tous côtés à nos regards. Ce fleuve, sur
les bords duquel nous dirigions notre marche, et que nous avions vu naguères si impétueux dans son cours, roulait des eaux
pures et tranquilles à côté des campagnes
qu'il venait de fertiliser. Ces lacs, d'une
étendue si immense qui lui devaient leur
origine, avaient fait place à des plaines de
verdure qui se perdaient dans le lointain.
Des grains de toute espèce, des légumes de
toute nature, croissaient dans des mêmes
lieux où, peu de temps auparavant, nous
avions vu flotter des barques. Dans tout ce
qui parlait à l'imagination, comme dans les
objets qui s'offraient à la vue, la Haute-Égypte

7 *

ne s'était pas moins métamorphosée à nos yeux. A ces touches mâles, fortes et vigou-reuses d'une nature submergée, avaient suc-cédé ces images plus douces, plus paisibles et plus riantes d'une nature renaissante. Tout rentrait alors autour de nous dans cet ordre et dans cette harmonie, bases éternelles du renouvellement et de la conservation de toutes choses ; et la Haute-Égypte , en sor-tant du sein des eaux, semblait vouloir faire oublier l'époque languissante , bien que ma-jestueuse de son deuil, en prodiguant dans ses campagnes toutes les richesses de la nature.

Des villages sans fin , des villes grandes et nombreuses , couvraient de toutes parts ces plaines verdoyantes et fertiles. Au nombre de ces villes, nous vîmes d'abord Fechné, qui ne se laisse apercevoir, de ce côté, qu'à l'issue d'une longue forêt de palmiers ; Béné-sech, dont les murailles s'élèvent sur l'em-placement de l'ancienne Oxyrinchus ; Mi-nieth, bien plus remarquable que toutes deux, assise sur les bords du Nil, et envi-

ronnée de jardins très-rians et de campagnes
beaucoup plus fertiles que les autres ; Mel-
laoui, moins grande et moins jolie que Mi-
nieth, mais ayant sur elle l'avantage d'être
placée non loin des ruines d'Hermopolis, où
l'on admire encore les débris d'un superbe
portique ; Siouth, enfin, où nous arrivâmes
le dixième jour de notre marche.

La ville de Siouth, qui avait été le terme
de notre première expédition dans la Haute-
Égypte, peut être regardée comme la capitale
de ce pays, autant par la grandeur de son
enceinte, que par la nature de sa position
qui la met à une distance presque égale du
Caire et de l'extrémité la plus méridionale de
l'Égypte. Tels sont ses seuls titres à cette pri-
mauté, car elle ne possède aucun monument
qui satisfasse les regards, ni qui puisse la distinguer de cette foule d'autres villes que renferme la Haute-Égypte, et auxquelles elle
paraît commander par la vaste étendue de sa
circonférence. Son bazar, cependant, mérite
d'être remarqué, non pas à cause de sa beauté,

máis par son immense longueur, et par la propreté avec laquelle il est entretenu. On donne le nom de bazar, en Égypte, à une rue couverte en toile pour repousser les rayons du soleil, et qui sert de lieu de réunion aux marchands pour y établir leurs boutiques et débiter leurs marchandises. C'est aussi dans cet endroit que la masse d'une population égyptienne a coutume de se rassembler, non pour converser et donner, par ce moyen, de l'activité aux esprits, mais pour fumer, boire, dormir, se réveiller pour faire encore la même chose, et vivre ainsi dans une espèce d'enfance continuelle et dans une entière nullité. A mesure que l'on pénètre dans le midi de l'Égypte, l'on s'aperçoit davantage que les habitans de cette contrée se rapprochent de cet état de stupidité qui caractérise toutes les nations sauvages. C'est en parcourant, surtout, le bazar de Siouth, que l'on est à même de juger de cette progression de barbarie parmi les peuples de l'Égypte. L'on y trouve des hommes dont

l'abrutissement de l'ame est si fortement ex-
primé sur leur physionomie, qu'on serait
tenté de croire, en les regardant, qu'ils ne se
doutent pas même de leur propre existence.

Cependant dans ces mêmes lieux qui pro-
clament aussi hautement dans quel état d'ab-
jection et d'avilissement est tombée, de nos
jours, la nation égyptienne, on découvre
certains rapports qui rappellent à tous les
yeux la beauté de son antique et première
origine. Il en est des peuples, à cet égard,
comme de ces monumens renversés par l'injure des temps, mutilés par l'ineptie des
hommes, et qui montrent encore, dans
quelques-uns de leurs débris, l'habileté de
la main qui les a élevés. Ces rapports se font
apercevoir dans le respect et la profonde vénération, qu'à l'exemple des anciens Égyptiens, les habitans de Siouth nourrissent pour
les morts. Un homme vient-il à décéder dans
cette ville, chacun aspire à l'honneur de
porter un instant son cercueil; et le touchant
empressement qui résulte de cette coutume,

ne cesse que lorsqu'on est arrivé au lieu où le cadavre doit être enseveli (8).

Dans l'Égypte, en général, le peu de goût que les habitans conservent encore pour la construction des bâtimens et l'agrément de leur extérieur, est employé dans la construction et l'ornement des tombeaux. Ceux de Siouth, entr'autres, présentent un aspect beaucoup plus agréable que celui même de la ville. Des allées de sycomores symétriquement arrangées, des ruisseaux sans nombre qui arrosent la plaine, tout ce qui, enfin, devrait servir à orner le séjour des vivans, sert à décorer ici la demeure des morts. Telle était encore la coutume des anciens Égyptiens, qui étalaient beaucoup plus de goût et de magnificence dans les lieux qui devaient les recevoir au terme de leur carrière, que dans ceux qu'ils habitaient dans le cours de leur vie.

Le 5 nivôse (25 décembre 1798), au matin, nous étions arrivés à Siouth. Nous en partîmes le 6 (26 déc.), en ayant la précaution de garder encore plus d'ordre dans notre marche, que nous n'avions fait depuis notre départ de Bénésouef. Cette mesure était commandée par des rapports qui étaient parvenus au général Desaix, avant son arrivée à Siouth, et qui lui annonçaient que l'intention de Morad-bey était de nous livrer bataille non loin de la ville de Girgeh, et dans ces mêmes plaines qu'il avait rendues célèbres dans un autre temps, par la défaite de cette armée turque, dont j'ai eu occasion de parler dans l'introduction de cet ouvrage. Il paraissait sans doute d'un augure favorable à ce bey, de se battre sur un champ de bataille qui, déjà une première fois, avait été si fatal à ses ennemis. Mais notre présence fit de suite tomber cette résolution. Les mameloucks ne se montrèrent à nos regards que pour nous rendre témoins de l'irrésolution de leurs projets et de la honte de leur fuite. Nous les poursuivîmes avec ardeur jusque sous les murs de Girgeh, et nous les eussions menés battant encore plus loin, sans une circonstance imprévue qui vint arrêter tout à coup notre marche et mettre un terme momentané à la rapidité des conquêtes du général Desaix dans la Haute-Égypte.

Jusqu'alors toutes les grandes villes qui s'étaient rencontrées sur nos pas, avaient offert à notre armée des magasins très-considérables de biscuit pour fournir à sa subsistance. Une partie de ces magasins était consommée sur les lieux, et le reste, après avoir été chargé sur des chameaux, servait à notre nourriture dans les intervalles qu'il nous fallait parcourir pour arriver d'une ville à une autre. N'étant ainsi arrêtés par aucuns obstacles, nous avions traversé une étendue de près de cent lieues de pays avec la même rapidité qu'aurait pu le faire un voyageur isolé. Mais à Girgeh les choses changèrent entièrement de face. Toutes les recherches que l'on fit pour découvrir des magasins de biscuit devinrent infructueuses. Ainsi la difficulté de savoir si l'on pourrait fournir aux besoins de l'armée, dans un pays dont on ne

pouvait encore apprécier les ressources, engagea le général Desaix à s'arrêter à Girgeh
pour y attendre l'arrivée de sa flottille, qui
était partie le même jour que nous de Bénésouef, et qui, suivant toutes les apparences,
ne devait point tarder à paraître.

La ville de Girgeh, qui est située sur la
rive gauche du Nil, est, après Siouth, la
ville la plus considérable de la Haute-Égypte.
Elle ressemble aux autres cités du pays; elle
présente, comme elles, des maisons de peu
d'apparence, des rues sales, étroites, tortueuses, et surtout cet état de ruine et de
dégradation, qui, dans toutes les villes de
l'Égypte, frappe au premier abord les regards
du voyageur, et qui est tel dans quelques-
unes d'elles, que l'on n'aperçoit, pour ainsi
dire, que des débris dans leur enceinte. La
coutume des Égyptiens de bâtir leurs maisons
en briques de terre cuites au soleil, peut
bien être une cause puissante de la dégradation de leurs villes; mais la principale, sans
doute, doit être attribuée à la paresse d'un

peuple chez qui les ouvriers de tous les mé-
tiers ne travaillent qu'assis (9). A l'exemple
des Turcs, les Égyptiens laissent tout détruire sans jamais rien réparer, et ils pré-
fèrent habiter sur les débris de leurs maisons,
plutôt que de faire trève un seul instant à
leur paresse pour en relever les décombres.
Ni la fraîcheur des nuits de leur hiver, ni
l'abondante rosée qui dans cette saison pénètre si profondément leurs campagnes, ne
peuvent les arracher à tant d'inertie et les
engager à se mettre à couvert des incom-
modités du climat, en imprimant aux travaux
de l'architecture le caractère de la durée.
Bien différens en cela de leurs ancêtres,
qui ont su donner à cet art sublime un tel
degré de force et de solidité, qu'il est sorti
de leurs mains des monumens qui semblent
ne devoir finir qu'avec le monde.

Le vallon que forme la Haute-Égypte se
rétrécit considérablement dans les environs
de Girgeh. Au sortir de cette ville, on voit,
dans la direction du sud, les montagnes de

sable qui encaissent des deux côtés ce vallon, se rapprocher insensiblement l'une de l'autre jusqu'aux cataractes où elles finissent par se joindre sur les deux rives du Nil ; et dans cet intervalle elles se resserrent tellement dans bien des endroits, qu'elles laissent à peine subsister cent pas de terres cultivées sur les bords opposés du fleuve.

Cependant quinze jours s'étaient déjà écoulés depuis notre arrivée à Girgeh, sans que nous eussions reçu aucunes nouvelles de notre flotille. Le général Desaix ne pouvant deviner les causes de ce retard, envoya deux fois sa cavalerie pour lever les obstacles qui pouvaient arrêter ses opérations. Ces reconnaissances furent signalées par deux victoires remportées sur les Égyptiens révoltés. Les habitans des provinces que nous avions laissées derrière nous, trompés par cette marche rétrograde de notre cavalerie, et l'attribuant à des circonstances qui recevront peu après leur explication, se réunirent en foule pour s'opposer à son passage. Mais ces malheureux trouvèrent la mort là où ils comptaient s'enrichir de nos dépouilles. La cavalerie les extermina, pilla et saccagea tous leurs villages. Elle poussa sa seconde reconnaissance jusqu'à Siouth. Tandis qu'elle entrait dans la ville, la flotille, qui jusqu'alors avait eu à lutter contre des vents contraires, mouillait de son côté dans le port. Aussitôt la cavalerie se hâta de repartir pour venir annoncer au général Désaix la prochaine arrivée de ses barques.

Il était temps de partir de Girgeh. Tandis que nous perdions dans l'inaction des momens aussi précieux, un orage des plus terribles se formait au-dessus de nos têtes et menaçait de nous exterminer. Morad-bey avait su profiter du moment de repos que nous lui avions laissé, pour refaire ses forces et nous susciter partout de nombreux ennemis. Des émissaires détachés par ses ordres s'étaient répandus dans toutes les parties de la Haute-Égypte, avec l'intention d'en soulever les habitans. Ils cherchèrent d'abord

à tromper la crédulité des peuples, pour les amener plus facilement à leur but. Les détails qu'ils leur donnaient sur notre position, la dépeignaient sous les couleurs les plus sinistres. « Les succès des infidèles, leur
» disaient-ils, sont des disgrâces passagères
» envoyées par la main de Dieu pour éprouver
» le cœur de ceux qui marchent dans sa voie.
» Le moment est enfin arrivé qui doit voir le
» terme de nos malheurs et de la prospérité
» des Français. La consternation, le désordre
» et la mort, sont désormais devenus leur par-
» tage. Les uns, immolés à la juste vengeance
» des mameloucks, couvrent de leurs osse-
» mens le sol d'une terre que, dans leur fol
» aveuglement, ils ont osé vouloir conquérir;
» les autres traversent en fuyant la Haute-
» Égypte, croyant éviter leur perte, qu'ils ne
» font que rendre plus certaine en se portant
» dans des provinces plus éloignées; enfin les
» débris de cette armée, naguères si redou-
» table, cachés dans les murs de Girgeh,
» n'attendent que votre présence pour dépo-

» ser honteusement les armes, trop heureux
» s'ils peuvent trouver la conservation de leur
» vie dans cette prompte soumission ».

Ces discours, souvent répétés, avaient produit tout l'effet que Morad-bey en avait attendu. Toute la Haute-Égypte était en fermentation ; et déjà les provinces que nous avions conquises avaient secoué le joug. Non content d'avoir allumé cet incendie autour de nous, Morad-bey avait été nous chercher des ennemis jusqu'au-delà de la Mer rouge. Le shérif de la Mecque fut sollicité de prendre parti dans une guerre qui ne tendait à rien moins, lui mandait-il, qu'à la destruction de l'islamisme. Il suffit de connaître tout le respect et cette profonde vénération que les Musulmans portent à leur religion, pour se former une idée de la fureur qui s'empara de l'esprit des habitans de la Mecque, lorsqu'ils crurent apprendre des mameloucks qu'une poignée d'infidèles cherchait à abattre la religion mahométane en Égypte. A cette nouvelle l'on vit se rallumer dans ce pays le même enthousiasme dont Mahomet avait su enflammer les Arabes. L'épidémie des croisades, qui dans des siècles d'ignorance, avait fait refluer toute l'Europe sur l'Asie, passa tout à coup dans les déserts de l'Arabie, et à l'exemple de nos croisés européens, tous les habitans de la Mecque voulaient faire partie d'une expédition qui devait procurer le ciel et des récompenses éternelles à tous ceux qui l'entreprendraient. Ce même fanatisme religieux agissait aussi puissamment sur l'esprit de tous les Égyptiens; de toutes les parties du Saïd (10), les habitans couraient aux armes; et ce qui entretenait d'autant plus les élans de ce commun enthousiasme, c'est qu'il était inspiré par l'amour de tout ce qu'il y a de plus sacré parmi les hommes, celui de leur patrie, de leur religion et de leur liberté.

Déjà un premier corps de Mékains, après être débarqué à Cosséir, était allé se réunir à l'armée de Morad-bey. Chaque jour des bandes nombreuses de paysans s'empressaient d'imiter cet exemple et de venir se ranger sous ses drapeaux. Il était donc de la plus grande importance de marcher contre les mameloucks, avant de donner le temps à toute la Haute-Égypte de se réunir pour nous combattre. Toutes ces considérations engagèrent le général Desaix à ne plus différer son départ de Girgeh, maintenant surtout que l'arrivée de ses barques venait de lever tous les obstacles qui, jusqu'à ce moment, avaient retardé sa marche. Il s'occupa donc avec la plus grande célérité de faire débarquer un assez grand nombre de munitions de bouche pour assurer la subsistance de son armée ; et dès qu'il eût pourvu à ce soin, nous partîmes de Girgeh, après avoir séjourné vingt-trois jours dans cette ville.

Nous vînmes camper le soir dans un mauvais village abandonné par ses habitans. Nous apprîmes à cette position que l'armée des mameloucks était rassemblée dans les plaines de Samanhout, village peu éloigné de celui où nous étions campés. Ce rapport fit renforcer les gardes et prendre toutes les précautions que l'on jugea nécessaires pour éviter une surprise de nuit. Le lendemain, à la pointe du jour, nous continuâmes notre route. Sur les six heures du matin, le 7.ᵉ régiment d'hussards qui marchait à l'avant-garde, rencontra celle des mameloucks qui s'avançait à notre rencontre. Diverses escarmouches s'engagèrent aussitôt entre ces corps de troupes. Dans cet intervalle, le général Desaix fit ranger son armée en bataille. Elle se forma sur trois carrés placés par échelons. Les 61.ᵉ et 88.ᵉ demi-brigades composaient celui de droite, la 21.ᵉ celui de gauche, et la cavalerie fut mise au centre, afin que par cette position, elle pût être également protégée par les feux croisés des deux carrés d'infanterie. Tandis que nous nous apprêtions ainsi au combat, les ennemis arrivèrent sur nous de tous les côtés et vinrent déployer sous nos yeux toute l'immensité de leurs forces. Les mameloucks se distinguaient aisément parmi ces hordes indisciplinées, à la richesse de leurs habillemens et à l'éclat de leurs armes. Des nuées innombrables de paysans se montraient disséminées depuis les rivages du Nil jusque bien avant dans le désert. Du milieu de cette foule de combat-tans, s'élevaient des milliers de drapeaux de couleurs et de formes différentes. Toute la plaine retentissait d'un bruit tellement confus d'armes, de voix et de chevaux, qu'on aurait cru que l'Égypte entière était venue se réunir dans les campagnes de Samanhout, pour nous écraser de son poids.

Tandis que le spectacle que présente cette armée, attire toute notre attention, un des chefs des mameloucks vient faire caracoler son cheval au milieu de la plaine, comme pour nous défier au combat. Aussitôt un offi-cier de cavalerie quitte son rang et fond sur ce mamelouck avec la rapidité de l'éclair. Les deux adversaires se précipitent l'un au devant de l'autre ; leur choc est si terrible, que tous les deux à la fois, tombent renver-sés de cheval. Alors ils se prennent corps à corps, roulent ensemble sur la poussière, se saisissent, se quittent et se reprennent de nouveau. La sueur coule de tous leurs membres, la lassitude abat leurs forces, mais la rage qui les anime, vient leur en prêter de nouvelles. Enfin le Français renverse le mamelouck, lui plonge à diverses reprises son épée dans le flanc; et bientot après nous le voyons remonter à cheval, conduisant d'une main celui de son adversaire, et nous montrant de l'autre ses dépouilles, comme le gage de son triomphe.

Ce combat était à peine terminé, que les masses énormes d'ennemis qui nous environnaient, et qui jusqu'alors étaient restées immobiles, s'ébranlent de tous côtés et s'avancent sur nous, avec cette assurance que donne la supériorité du nombre et la certitude de la victoire. Les volontaires de la Mecque, sont ceux qui, les premiers, viennent s'offrir à nos coups. On les avait chargés de la défense du village de Samanhout. Retranchés derrière les monticules de sable qui environnent ce village, ils inquiétaient vivement le carré de la 21.me, sans que les soldats de ce corps pussent se venger du mal qu'ils en recevaient. Les carabiniers reçoivent l'ordre d'aller les déloger de ce poste. Aussitôt ils se forment en colonne serrée et se précipitent sur l'ennemi. Rien ne peut résister à leur fureur, et dans un instant le village est en notre pouvoir. Les Mékains se forment de nouveau, se réunissent aux mameloucks et aux paysans, et tous ensemble, en poussant des cris épouvantables, viennent fondre sur nos carrés. Nous ne répondons à leurs cris de guerre que par les détonations de notre artillerie. Les paysans et les Mékains, consternés des ravages affreux qu'elle fait dans leurs rangs, paraissent un moment indécis, et puis tout à coup se repliant sur eux-mêmes, ils abandonnent les mameloucks, gagnent précipitamment le désert, et disparaissent bientôt à nos regards. Les mameloucks furieux de la défection de leurs alliés, se réunissent en un seul corps, et ne faisant plus dépendre la victoire que de leur seul courage, ils courent à bride abattue sur le carré de droite. Mais les 61.me et 88.me demi-brigades, les reçoivent avec un feu si bien nourri, que les mameloucks désespérant de forcer des bataillons qui vomissent la mort de toutes parts, imitent la conduite de leurs auxiliaires, et se dispersent, à leur exemple, dans le désert. A cette vue, le général Desaix ordonne à la cavalerie de quitter la position qu'elle avait occupée jusqu'alors et d'achever la victoire. Tandis qu'elle exécute l'ordre du général, l'infanterie s'ébranle de son côté, pour continuer sa route sur les traces des ennemis.

Nous poursuivîmes les mameloucks tant que le soleil put éclairer notre marche. La nuit vint nous arrêter sous les murs de Far-chiout. Nous n'y prîmes que quelques momens de repos, et sur un avis que les mameloucks étaient à peu de distance, nous en repartîmes à minuit, pour nous remettre à leur poursuite. Notre marche fut d'autant plus rapide, que dans la consternation où devaient être les ennemis, il était à espérer, si nous parvenions à les joindre, de mettre fin à une guerre dont la lenteur commençait à peser sur l'ame impatiente de Desaix. Mais nos projets ne tardèrent point à s'évanouir. Morad-bey, que le grand nombre de troupes dont il s'était vu environné dans les plaines de Samanhout, avait pu seul porter à nous combattre, s'était décidé plus que jamais à poursuivre le plan qu'il s'était proposé après la bataille de Sédiman, c'est-à-dire à laisser consumer notre ardeur et nos forces dans des marches longues et pénibles. Cette détermination de ce bey, nous enleva tout le fruit qu'avait pu nous procurer la victoire que nous venions de remporter sur son armée dans les campagnes de Samanhout. Réduits à courir après un ennemi, qui ne se laissait approcher que lorsqu'il était de son intérêt d'accepter le combat qui lui était offert, nous vîmes renaître toutes les fatigues que nous avions essuyées, pendant plus de cinq mois que nous poursuivions infructueusement les mameloucks dans la Haute-Égypte. Cependant comme nous ne pouvions espérer de voir arriver la fin de la guerre, qu'autant que nous viendrions à bout de joindre Morad-bey, nous n'épargnions aucune peine pour parvenir à ce but. Toute la journée nous voyait sur pied; et le silence de la nuit était encore troublé par le bruit de nos armes. Tant de marches et de veilles finirent par abattre les corps les plus robustes; et si, dans ces circonstances, le moral de notre armée n'avait prêté de nouvelles forces à ses facultés physiques, peu de nous auraient pu supporter davantage de si longs et de si pénibles travaux. Mais nous étions alors dans un pays où chaque objet qui se présentait, semblait diminuer nos fatigues, pour ne nous laisser d'autre sentiment que celui de l'admiration.

Nous touchions en effet un sol où notre imagination était sans cesse électrisée par la vue des plus grandes merveilles qu'ait enfanté le génie des hommes. Nous étions dans la

Thébaïde! Chaque pas que nous faisions dans cette contrée, nous découvrait, pour ainsi dire, quelque nouvel objet d'étonnement et de surprise. Les monumens se succédaient en foule devant nous. Nous passâmes d'abord sur les ruines de Tentyra. Deux jours après nous arrivâmes sur l'emplacement de l'ancienne Thèbes, de cette ville que le pinceau d'Homère nous montre sous des formes si gigantesques. Les monumens se présentaient ici avec plus de profusion que dans tout autre endroit. Partout, nous apercevions des temples en ruines, des forêts de colonnes encore debout, des restes d'obélisques et des troncons de statues. De tous côtés la terre était jonchée des débris immenses de cette ville. Quel prodigieux changement une longue succession de siècles est venue apporter dans l'existence de ces lieux, dont le souvenir s'est perpétué avec tant d'éclat dans la mémoire des hommes! C'est ainsi qu'à la suite des temps tout change de forme dans la nature. Cette ville si grande et si magnifique, l'ornement et la gloire de la première Égypte, ne vit plus maintenant que dans l'imagination de celui qui parcourt ces plaines incultes et presqu'inhabitées. Ce sol qui portait la nation du monde la plus célèbre, ne montre plus que quelques hommes sauvages, d'une figure aussi difforme que leur esprit est grossier. Les uns semblent vouloir cacher leur honte et leur ignorance dans des retraites souterraines, jadis l'asile de la mort (11), et qu'ils ont détournées de leur ancien usage pour y établir leur demeure. Les autres construisent leurs villages dans l'enceinte même de ces monumens qui survivent après tant d'années à la destruction de Thèbes, et font voir ainsi réunis dans un même lieu tout ce que la perfection des arts peut élever de plus sublime, et tout ce que leur dégradation peut produire de plus hideux.

Nous commençâmes pour la première fois à rencontrer des crocodiles dans les environs de Tentyra. A mesure que l'on se rapproche davantage des cataractes, ces animaux se montrent en plus grande quantité. Bien loin de leur avoir connu cette effrayante voracité qu'on leur attribue si généralement, nous les avons toujours vus fuir devant nous. Ils aiment à se tenir sur les îles de sable que le Nil laisse à découvert au moment de sa baisse. Mais au moindre bruit qu'ils entendent, ils plongent et disparaissent sous l'eau.

Le 9 pluviose (28 janvier 1799), au matin, nous arrivâmes à Esneh. Cette ville est assise sur la rive gauche du Nil et sur l'emplacement de l'ancienne Latopolis, dont elle conserve pour unique débris un superbe portique, que les brutes habitans qui l'avoisinent, ont livré aux usages les plus abjects. Ce portique est comme enfoui au milieu d'un groupe de masures, qu'il écrase par l'aspect imposant de sa masse et la beauté de son architecture.

Les mameloucks, avant d'arriver à Esneh, avaient divisé leurs forces et leurs intérêts. Les volontaires de la Mecque avaient abandonné Morad-bey après la bataille de Samanhout, et s'étaient retirés dans les environs de

Keneh, sur la rive droite du Nil. Diverses circonstances étaient encore venues diminuer le corps d'armée commandé par Morad. Plusieurs beys, à l'exemple des Mékains, avaient aussi gagné la rive droite du Nil, d'autres étaient descendus du côté de Siouth; mais le plus grand nombre, sous la conduite de Morad, se dirigeait toujours vers les cataractes. Ces mouvemens qui eurent lieu parmi les ennemis, en occasionnèrent aussi dans les opérations de notre armée. Le général Friant, à la tête de deux demi-brigades, eut ordre de s'arrêter à Esneh, de laisser une garnison dans cette ville, et de partir ensuite avec les troupes qui resteraient à sa disposition, pour aller combattre et détruire les mameloucks et les Mékains qui s'étaient réfugiés sur la rive droite du Nil. Le général Desaix se réserva le reste de son armée pour courir à la poursuite de Morad. Dans cette vue, nous partîmes d'Esneh le jour même de notre arrivée, et après cinq jours de marches forcées à travers des déserts arides et sablonneux, où le manque absolu de subsistances

nous laissa en proie aux plus horribles souffrances , nous arrivâmes à Syène , et par
l'occupation de cette ville, nous obligeâmes
les mameloucks à se jeter de l'autre côté des
cataractes et à se disperser dans les déserts
de la Nubie.

La ville de Syène , ou pour mieux dire, le
village qui est construit sur l'emplacement
de cette ancienne ville et que les habitans du
pays appellent Assouan, est le dernier endroit
habité que l'on rencontre dans l'Égypte, en
se dirigeant vers le sud. A quelques lieues de
là finissent les limites de l'Égypte et commen-
cent les terres de la Nubie. Nous vîmes à
Syène plusieurs habitans de cette contrée.
Nous leur trouvâmes le regard vif et la figure
extrêmement basanée. On les distingue de
suite d'avec les Égyptiens, en ce que ceux-ci
se font raser la tête et la couvrent avec des
turbans, tandis que les Nubiens portent de
longues chevelures hérissées , qui donnent
à leur physionomie un aspect entièrement
sauvage.

A peu de distance de Syène, se trouve la

dernière cataracte du Nil. Cette cataracte ne répondit point à l'idée que nous nous en étions formée : elle ne mérite pas même ce nom, que l'on ne donne ordinairement qu'à une énorme masse d'eau qui se précipite avec fracas du sommet de quelque montagne. Le Nil n'a point ici de chute; son lit est seulement obstrué en quelques endroits par des rochers détachés de ces montagnes de sable dont j'ai parlé précédemment, et qui en quittant la Haute-Égypte, viennent prolonger leur cours le long des rivages du Nil, ce qui occasionne de légères cascades, partout où sont jetés ces rochers. Néanmoins quelque peu considérable que soit cette cataracte, les barques ne peuvent la passer au moment de la baisse du Nil. Mais dans le temps de l'inondation, les eaux qui arrivent en grande quantité de l'Abyssinie, couvrent entièrement ces rochers et rendent ce passage à la navigation.

L'île Éléphantine, forme un contraste singulier avec ces tristes contrées, qui semblent condamnées à l'oubli et à la solitude. Elle est située entre Syène et Contrà-Syène. Elle présente l'image de la vie et du bonheur, tandis que les déserts qui l'environnent, annoncent la mort et le néant de la nature. Les Romains, à l'époque de leur gloire, avaient une garnison dans cette île et à Syène. C'étaient leurs dernières possessions dans cette partie de l'Afrique. Nous eûmes de commun avec ce peuple guerrier, de reculer aussi loin que lui nos conquêtes en Égypte, et de faire flotter nos drapeaux dans des lieux où les aigles romaines avaient été plantées.

L'île de Philée est située de l'autre côté de la cataracte. Son sol est presqu'entièrement couvert de superbes débris d'architecture, restes précieux de tant de somptueux édifices, que les Égyptiens, suivant l'opinion assez vraisemblable d'un écrivain moderne (12), s'étaient sans doute plu à jeter à l'extrémité de leur empire, pour donner par cette vue aux étrangers une grande et sublime idée des merveilles qu'il renfermait. Dans les temps de la prospérité de l'Égypte, l'île de Philée servait d'entrepôt aux marchandises de toute espèce qui arrivaient de l'Éthiopie. Ces marchandises étaient d'abord déposées dans cette île, et puis transportées par terre jusqu'à Syène. Elles y étaient embarquées de nouveau, et conduites par eau dans toutes les parties de l'Égypte.

Le général Desaix ne s'arrêta que deux jours à Syène. Tant qu'il avait trouvé dans les mameloucks des ennemis puissans et redoutables, il les avait poursuivis avec une infatigable activité. Mais cette armée, qui nous avait parue si formidable dans les plaines de Sédiman et de Samanhout, n'était plus digne maintenant que d'exciter notre pitié. Cette innombrable multitude de paysans, qui était venue la grossir de toutes les extrémités du Saïd, s'était dissipée comme une vapeur après la bataille de Samanhout, et était rentrée dans ses foyers. La plupart des mameloucks qui la composaient, ou étaient morts dans les combats, ou à la suite des fatigues qu'ils avaient essuyées, ou dégoûtés d'une vie aussi misérable que celle qui désormais était devenue leur partage, s'étaient disséminés sur leur route et vivaient obscurs et cachés dans divers villages de la Haute-Égypte. Le petit nombre de ceux qui avaient échappé à tant de désastres et qui étaient restés fidèles à la fortune de Morad-bey, pouvait être aisément contenu, par quelques centaines d'hommes, de l'autre côté des cataractes. Ainsi, tranquille sur ce point, le général Desaix résolut de retourner dans le centre de la Haute-Égypte, où les motifs les plus impérieux demandaient sa présence. Il lui restait encore des ennemis à combattre dans diverses parties de cette contrée ; mais le motif qui parlait le plus fortement à son ame, c'était de rendre le calme et la tranquillité aux habitans de la Haute-Égypte, et de faire succéder les charmes de la paix à tous les maux que la guerre avait fait naître parmi eux. Jusqu'à présent les Égyptiens n'avaient vu en nous que des guerriers redoutables à leurs villes et à leurs campagnes. Il était temps de nous montrer sous un point de vue plus avantageux, et de leur apprendre à aimer la domination française, en leur donnant un gouvernement qui pût leur faire connaître le bonheur. Le moment paraissait favorable pour réaliser ce projet; et le général Desaix se hâta de partir de Syène, pour le mettre à exécution.

Le général Belliard eut le commandement des troupes qui restèrent cantonnées à Syène, pour empêcher Morad-bey de rentrer en Égypte. Le général Desaix prit avec lui le reste du corps d'armée qu'il avait amené jusqu'aux cataractes, et arriva à Esneh le quatrième jour de son départ de Syène. Le même motif qui lui avait fait quitter cette ville, ne lui permit pas de séjourner long-temps à Esneh. Il n'y prit que quelques jours de repos, et s'en éloigna ensuite en se dirigeant sur Siouth, où il avait dessein de s'arrêter. Sa route fut tranquille jusque dans cette ville. L'on doit se rappeler que dans sa marche sur les cataractes et à son arrivée à Esneh, il avait détaché le général Friant de son armée, et l'avait chargé du soin d'aller combattre les mameloucks et les Mékains, qui avaient abandonné Morad-bey après la bataille de Samanhout. Ce général, après avoir laissé une garnison de deux cents hommes à Esneh, s'était porté avec le reste de sa division sur la rive droite du Nil. Les ennemis avaient été attaqués une première fois dans les environs de Keneh. Leur résistance avait été des plus opiniâtres; et quoique contraints à la fin de céder, ils s'étaient jetés au nombre de trois cents dans un enclos de palmiers, pour y disputer encore la victoire. Ils y furent tous massacrés. Le général Friant, victorieux dans ce premier combat, poursuivit les ennemis dans les déserts d'Aboumana, au-dessous de Keneh, où ils se reformèrent de nouveau. Les deux partis s'y chargèrent avec une étonnante intrépidité. Le succès fut long-temps balancé. Enfin tournés par deux de nos colonnes et enfoncés par nos grenadiers, les

ennemis s'enfuirent dans le plus grand désordre, laissant le village d'Aboumana, tout
comblé de monceaux de leurs morts. Après
ces deux succès et la dispersion des mameloucks et des Mékains, le général Friant passa
sur la rive droite du Nil, et poussa avec ses
troupes vers Girgeh. Le général Desaix traversa la Haute-Égypte, à la suite de ces divers événemens, et n'éprouva ainsi aucune
difficulté dans sa marche, jusqu'à son arrivée
à Siouth.

Il ne lui fut pas permis de travailler long-
temps en paix au projet qui l'avait conduit
dans cette ville. De nouvelles circonstances
vinrent bientôt lui mettre encore les armes à
la main, et l'obligèrent pendant long-temps
de joindre à ses opérations administratives
tous les détails d'une guerre aussi active que
laborieuse. Il est nécessaire de reprendre ici
les événemens de plus haut.

En fuyant dans les déserts de la Nubie et
nous abandonnant l'Égypte, Morad-bey avait
été loin de poser pour toujours les armes et

de se donner pour vaincu : il n'avait cédé que pour un temps à sa mauvaise fortune. Outre que la position qu'il occupait de l'autre côté des cataractes, ne lui présentait d'autre perspective que celle d'y périr tôt ou tard de misère, il ne pouvait s'accoutumer à l'idée d'être chassé pour jamais d'un pays dans lequel pendant si long-temps il avait commandé en souverain. Il résolut donc de recommencer la guerre à la première occasion où il pourrait la reprendre avec quelque avantage, et en attendant il dissémina ses mameloucks le long des rivages du Nil et sur une étendue de plusieurs lieues, afin de leur procurer plus facilement les moyens de pourvoir à leur subsistance. Enfin, au bout de vingt jours, ayant épuisé tous les vivres que le pays pouvait lui fournir, il trompa la vigilance du général Belliard, et rentra en Égypte par les déserts de la rive gauche du Nil. Enhardi par ce premier succès, il pressa et activa sa marche, qu'il dirigea sur le centre de la Haute-Égypte. Le général Belliard, dont la présence à Syène devenait inutile du moment qu'il avait laissé évader Morad-bey, abandonna aussitôt cette ville et se mit à la poursuite de l'ennemi. Mais Morad le gagna de vitesse, traversa le désert à vue de Girgeh et s'avança jusqu'à Souhama à la tête de ses mameloucks et d'un corps nombreux de paysans qu'il avait ralliés autour de sa personne. Il rencontra, dans cette position, le général Friant, que le bruit du pays avait averti de la rentrée de Morad-bey en Égypte. Les paysans rassemblés par Morad furent ou dispersés ou écrasés par ce général, et lui-même serré de si près, que désespérant désormais de son sort, il s'enfonça de plusieurs journées de marche dans les déserts de la Lybie et se réfugia dans l'Oasis d'Elouah, attendant dans cette retraite que quelque événement plus heureux, pût aider au rétablissement de ses affaires en Égypte.

Cependant le général Belliard, à son départ de Syène, avait vivement poursuivi Morad-bey. Des nouvelles qu'il reçut à son campement d'Hermontis, vinrent changer le but de ses opérations et donner un autre objet à sa marche. A l'époque où le général Desaix était parti de Syène pour se rendre à Siouth, il avait emmené avec lui un convoi de barques chargé d'artillerie, commandé par la Djerme armée, *l'Italie*. Il accompagna ce convoi jusqu'à la ville de Kous, dans laquelle il séjourna environ sept à huit jours. Il passa ensuite sur la rive gauche du Nil; et afin de mettre plus de rapidité dans ses mouvemens, il abandonna ces barques, qui jusqu'alors avaient retardé sa marche. Les malheurs les plus terribles les attendaient à quelques lieues de là. Quinze cents fanatiques sortis des murs de la Mecque et marchant sur les traces de ceux de leurs compatriotes que l'ardeur de venger la religion musulmane avait conduits en Égypte, venaient à leur tour de débarquer dans ce pays. Ils réunirent autour d'eux les débris épars des combats d'Aboumana et de Keneh. Leurs forces furent encore augmentées par plusieurs milliers de paysans, que la haine de notre nom, au moindre signal qui leur était donné, armait toujours contre nous. En apprenant que le général Desaix a laissé des barques derrière lui, tout ce rassemblement se porte sur Bénout, ville située sur les rivages du Nil, d'où il aperçoit notre convoi, qu'un vent du nord très-violent empêchait de descendre le fleuve. Aussitôt tous ces frénétiques, en poussant des cris de fureur, s'élancent ensemble dans le Nil et abordent nos barques par mille endroits différens. Cette fois-ci la valeur succombe sous le nombre ; tout devient la proie des Mékains, et leur fureur ne peut être assouvie que par la mort de tous les Français qui tombent en leur pouvoir. La Djerme armée, *l'Italie*, malgré les canons qui la défendent, ne peut éviter ce sort affreux. Elle cherche d'abord à mettre son salut dans la fuite ; mais se voyant poursuivie par des milliers d'ennemis, elle préfère une mort volontaire à celle que lui prépare cette nuée de barbares qui l'assaille de toutes parts. L'officier de marine

qui la commandait (le capitaine Morandi),
met de sa propre main le feu aux poudres,
et ses marins ainsi que lui, périssent victimes
de son généreux dévouement.

En apprenant ce terrible événement et les
détails qui l'accompagnaient, le général Belliard ne perdit pas un instant pour courir à
la vengeance. Il se porta rapidement au village d'el-Kamonteh, où il passa le Nil sur un
convoi de barques, qui suivait les mouvemens
de sa colonne. Le même soir il vint prendre
position en avant de la ville de Kous. Les
habitans de cette ville se rendirent en foule
dans notre camp, pour nous donner des ren-
seignemens sur la force et le grand nombre
des ennemis. Ces braves gens, qu'une même
conformité de culte unissait avec nous (13),
ne rencontrant autour d'eux qu'une poignée
de Français et croyant que nous marchions
à une mort certaine, ne négligèrent rien
pour nous détourner de l'entreprise hasar-
deuse dans laquelle nous allions nous engager ; mais nous voyant fortement résolus

à l'entreprendre, ils nous accompagnèrent de leurs vœux jusqu'aux confins de leur territoire et donnèrent d'avance des larmes à notre sort.

Le 18 ventose (8 mars 1799), à la pointe du jour, la colonne du général Belliard se mit en mouvement. Formée en bataillon carré et flanquée d'une pièce de canon, elle s'avança sur l'ennemi avec une intrépide assurance. A une lieue en avant de Bénout, nous rencontrâmes plusieurs villages occupés par les Égyptiens révoltés. Ils en furent chassés au pas de charge et obligés de se replier sur Bénout. C'était dans cette ville qu'étaient rassemblées toutes les forces des ennemis. Les Mékains qui s'attendaient, depuis le massacre de nos barques, à voir accourir nos phalanges, pour venger la mort de tant de Français si indignement égorgés dans cette occasion, n'avaient rien négligé pour faire échouer nos desseins. Ils avaient fortifié la ville de Bénout et élevé des batteries de distance en distance, pour nous

en défendre l'approche. Un corps de mameloucks qui s'était joint à eux et qui les secondait dans leurs opérations, se tenait dans
le désert à peu d'éloignement de la ville, et
paraissait disposé à nous charger, lorsqu'il
nous verrait aux prises avec les Mékains.

A la vue des retranchemens qui défendent
Bénout, le général Belliard fait arrêter un
instant sa colonne pour aller reconnaître par
lui-même les dispositions de l'ennemi. Il revient ensuite donner le signal de l'attaque.
Nos soldats se précipitent sous ses ordres.
Dans cet instant plusieurs dixaines de Mékains
sortent de leurs retranchemens et s'avancent
contre les tirailleurs qui précèdent notre
carré. Quoiqu'ils ne soient armés que de
sabres et de boucliers, ils se jettent sur eux
avec une telle fureur, qu'ils en obligent la
plus grande partie à rentrer dans le carré.
Ces hommes intrépides, fanatisés par les discours de leurs shérifs, qui leur promettaient
le ciel, s'ils succombaient dans une guerre
entreprise pour combattre des infidèles,

venaient affronter les plus grands périls jusqu'au milieu de nos rangs. Plusieurs de ces
furieux, quoique grièvement blessés, cherchaient encore à désarmer nos soldats, pour
avoir la cruelle satisfaction de leur donner
la mort avec leurs propres armes.

Pendant que les tirailleurs s'engagent entr'eux, le carré continue à marcher sur Bénout. La mitraille des ennemis, qui vient
éclaircir nos rangs, nous oblige, pour l'éviter,
à gagner la droite de la ville. Nous comptions
en changeant de position, nous mettre hors
de la portée des pièces lourdes et sans affût
qui sont en usage parmi ces peuples, et qui
ne peuvent guères se tirer que dans une
même direction. Mais nous voyons avec étonnement que la mitraille des ennemis suit tous
les mouvemens que fait notre carré. C'était
l'artillerie portée par le convoi de barques
tombé entre leurs mains qu'ils avaient pointée
contre nous et dont ils se servaient avec un
si grand avantage. Cette découverte contraint
le général Belliard à faire retirer ses troupes

dans un lieu où elles puissent être à l'abri de la mitraille des Mékains. En même temps qu'il fait ce mouvement, il ordonne aux carabiniers de la 21.ᵉ d'aller s'emparer des batteries ennemies. Cette entreprise est exécutée avec la plus grande bravoure. Les carabiniers croisent leurs baïonnettes et s'éloignent à grands pas du carré. Les mameloucks profitent de ce moment et chargent ce corps de troupes qu'ils voient isolé dans la plaine. Les carabiniers font volte face, éloignent les mameloucks et continuent à marcher sur les batteries qu'ils enlèvent à la baïonnette. Le combat cesse dès ce moment, pour faire place au carnage le plus horrible. Les ennemis se voyant privés du seul moyen qui peut leur donner la victoire, abandonnent leurs retranchemens et ne songent plus qu'à se dérober à nos coups par la fuite la plus précipitée. Les uns, croyant trouver leur salut dans la ville de Bénout, vont en foule se réfugier dans son enceinte ; les autres accourent sur les bords du Nil, et se jettent dans des barques qu'ils trouvent amarrées au rivage. Vaine ressource, rien ne peut les soustraire à notre vengeance. On les poursuit dans tous les endroits qu'ils ont choisis pour refuge, et partout où on les rencontre, ils sont impitoyablement massacrés. La mort vient se présenter à eux sous mille formes différentes. Ceux que nous trouvons cachés dans des barques, sont précipités dans les eaux du Nil ; les autres deviennent la proie des flammes dans la ville de Bénout, que nous livrons au feu et au pillage. La nuit seule peut mettre un terme à ce carnage. Cinq à six cents Mékains profitent alors de l'obscurité des ténèbres et vont se réfugier dans une maison de mameloucks située à l'autre extrémité de la ville. Toute la nuit ils s'occupent à s'y retrancher, et les hurlemens affreux dont ils accompagnent leurs travaux, annoncent assez que leur intention est de s'ensevelir sous ses débris.

Leur résistance fut en effet aussi terrible qu'opiniâtre. Pendant deux jours consécutifs, nous vîmes expirer nos efforts au pied de cette maison. Pour s'y défendre avec plus de succès, les ennemis en avaient crénelé tous les murs, et de ces créneaux sortait un feu continuel de mousqueterie qui donnait une mort inévitable à celui qui s'en approchait sans précaution. Ils tentèrent un grand nombre de sorties pour essayer de se sauver, mais sans pouvoir y parvenir. Ils accompagnaient leur défense, dans l'intérieur de la maison, de hurlemens épouvantables, qu'ils interrompaient de temps à autre par un silence profond d'où s'échappait la voix d'un de leurs shérifs, qui cherchait sans doute, par des chants religieux, à attirer la protection du ciel sur les armes de ces braves défenseurs de l'islamisme. Cette prière achevée, ils recommençaient à se battre avec un nouveau degré de rage et de fureur. Bien qu'ils fussent dans un dénûment total de vivres, ils ne parlaient point de se rendre. Enfin, le troisième jour du siége de leur forteresse, les sapeurs de la 21.ᵉ firent une brèche assez considérable pour permettre à plusieurs personnes de s'y présenter de front. Les ennemis la défendirent avec ce courage frénétique qu'on devait attendre de pareils hommes. Jamais, depuis notre arrivée en Égypte, nous n'avions rencontré une résistance aussi opiniâtre. Enfin après un assaut des plus longs et des plus meurtriers, les Mékains furent obligés de nous céder la victoire et de se retirer dans l'intérieur de la maison. Chaque chambre devint alors le théâtre d'une affaire particulière, et le combat ne fut terminé que lorsqu'on ne compta plus d'ennemis. Pendant les trois jours que nous employâmes à la réduction des Mékains, les mameloucks, campés dans le désert, demeurèrent tranquilles spectateurs de la ruine de leurs alliés, qu'ils n'osèrent venir secourir. Trop heureux de se voir à l'abri de nos coups, ils aimèrent mieux être témoins de nos succès que d'ajouter, par leur défaite, un plus grand éclat à notre victoire.

La gloire que nous retirâmes de tant de

travaux que nous venions d'essuyer, fut cruellement achetée par les pertes en tout genre que nous firent éprouver l'acharnement et l'obstination des ennemis. Tant que nous avions été étourdis par le tumulte et le bruit de l'action, maîtrisés par une seule idée, nous n'avions songé qu'à pousser nos succès et qu'à triompher des obstacles qui nous étaient opposés. Mais une fois l'ennemi terrassé, alors revenus à nous-mêmes, nous comptâmes avec douleur plus de trois cents hommes hors de combat : nous vîmes, entr'autres, que toutes nos munitions de guerre se trouvaient entièrement épuisées. Ce dernier objet, surtout, arrêta toutes les entreprises ultérieures qu'aurait voulu tenter le général Belliard. Son intention eût été de poursuivre ses avantages en se portant dans le désert, pour y combattre les mameloucks ainsi que quelques centaines de Mékains, qui étaient allés les rejoindre dans les premiers instans de la déroute de Bénout. Mais il lui fallut céder à la nécessité et remettre cette entreprise jusqu'au moment où il pourrait se procurer des secours du général Desaix, à qui il fit part de ses desseins, aussi bien que de ses besoins ; et en attendant que les munitions qu'il lui demandait pussent lui parvenir, il résolut de changer de position et d'aller se fixer à Keneh, ville située à peu de distance de Bénout, et qui lui offrait beau-coup plus de moyens de faire subsister ses troupes. Cette résolution prise, nous char-geâmes tous nos blessés sur la flotille qui nous accompagnait, et nous nous mîmes en marche vers Keneh, où nous nous établîmes en arrivant dans une maison fortifiée de ma-meloucks.

La ville de Keneh est assise sur la rive droite du Nil et non loin des ruines de Ten-tyra, qui sont situées de l'autre côté du fleuve, à environ deux lieues de la ville. Elle renferme dans son enceinte plusieurs fa-briques de poterie, d'où sortent une grande partie de ces vases d'un usage si général en Égypte, et dont les habitans du pays se servent pour contenir l'eau destinée à leur servir de boisson. La ville de Keneh est un lieu de ralliement et de séjour pour les caravanes qui arrivent de l'intérieur de l'Afrique et qui traversent l'Égypte, conduites par un motif de religion, et se rendant à la Mecque pour y accomplir le précepte du pélerinage. Elle est aussi le débouché de toutes les marchandises que le commerce des Indes et de l'Arabie fait pénétrer en Égypte, ce qui fait affluer les richesses dans son enceinte, et la rend une des villes les plus florissantes qu'il y ait dans ce pays.

La ville de Cosséir, à qui celle de Keneh doit tous les avantages qu'elle retire de ce commerce, est un petit port de mer situé sur la Mer rouge, à trois journées de distance de Keneh. Pour arriver jusqu'à ce lieu, il faut traverser des déserts où l'on ne trouve que du sable, quelques ronces épineuses et trois ou quatre fontaines d'eau douce, dont la principale se nomme la Kittah. Cosséir n'est qu'un ramas de quelques mauvaises maisons, que le commerce des Indes et de l'Arabie a fait construire sur les bords sablonneux de la Mer rouge. Toutes les marchandises qui arrivent de ces contrées se débarquent à Cosséir, se chargent ensuite sur des chameaux qui les transportent à Keneh, d'où elles sont réparties sur tous les autres points de l'Égypte. L'Arabie fournit à l'Égypte du café moka et des parfums ; les Indes lui envoyent des mousselines, des toileries de toute espèce, mais surtout des mouchoirs. C'est sans doute cette dernière raison qui a fait donner au détroit qui joint la Mer rouge à l'Océan, le nom de Bab-el-Mandel, ce qui signifie dans la langue du pays, porte des Mouchoirs.

Depuis environ dix jours nous étions établis à Keneh, lorsque le général Desaix parut dans cette ville à la tête de deux régimens de cavalerie et d'un bataillon d'infanterie. Ce général avait appris en même temps et le massacre de nos barques par les Mékains et la vengeance éclatante que nous en avions tirée. Il s'était décidé à venir diriger lui-

même l'opération méditée par le général Belliard. Outre les forces qui marchaient après
lui, il traînait encore à sa suite les munitions
de guerre destinées à approvisionner le corps
de troupes qu'il venait rejoindre.

Arrivé à Keneh, il s'y occupa de suite et
de concert avec le général Belliard, à com-
biner un plan de campagne contre les ennemis. Ces deux généraux partirent ensuite de
Keneh, et afin de laisser ignorer leurs mouvemens aux mameloucks et aux Mékains, ils
choisirent le moment de la nuit pour sortir
de la ville et pour se diriger vers le lieu où
ils étaient campés. Mais toutes ces précautions
ne purent assez bien couvrir la marche de
nos troupes pour en dérober la connaissance
aux ennemis; et sur le premier bruit qu'ils
en eurent, ils gagnèrent en toute hâte le
désert, où bientôt après ils prirent le parti
de se séparer. Les Mékains se dirigèrent vers
le nord de l'Égypte, et les mameloucks
allèrent se poster à la fontaine de la Kittah,
sur la route de Cosséir. L'occasion devenait

favorable pour se défaire entièrement de ces deux corps d'ennemis. Il s'agissait pour cela de s'emparer de tous les débouchés qui conduisent de la Kittah dans les campagnes cultivées de l'Égypte, et d'obliger par ce moyen les mameloucks et les Mékains à venir nous offrir le combat pour se tirer du désert, ou à périr de misère et de faim dans ces arides solitudes. Le général Desaix chargea le général Belliard d'aller occuper, avec la 21.ᵉ demi-brigade, le débouché de Nagadi ; pour lui, à la tête des troupes qu'il avait amenées de Siouth, il alla se poster à celui de Birambare. Il restait encore un troisième débouché dans les environs d'Esneh qu'on ne fit point occuper, soit que l'on craignît de trop se disséminer, soit que l'on pensât que l'on serait toujours à temps de le fermer aux ennemis. Après avoir pris ces premières dispositions, le général Desaix ordonna encore au général Belliard de charger promptement sur des chameaux des vivres et de l'eau, et de marcher avec une partie de ses troupes

sur la Kittah, afin d'en déloger les mameloucks.

A la nouvelle de ces préparatifs, les mameloucks épouvantés abandonnent à la hâte
leur position, pour aller rejoindre les Mékains. Le général Desaix est aussitôt prévenu
de ce mouvement. Il dépêche à l'instant un
courrier au général Belliard, pour lui ordonner d'envoyer quelques centaines d'hommes
occuper sa position de Birambare; et dès que
ce détachement a garni ce passage, il se
hâte de l'abandonner et de courir sur les
traces des mameloucks. L'infanterie est di-
rigée le long des terres cultivées de l'Égypte :
la cavalerie, après avoir reçu l'ordre de ne
point s'exposer aux coups de l'ennemi, mais
de chercher seulement à l'attirer sur l'infanterie, pénètre dans le désert pour aller à sa
recherche. Elle n'eut pas à aller loin pour
le rencontrer. Les mameloucks qui n'avaient
jamais craint de se mesurer avec nos cavaliers, n'ont pas plutôt appris que ceux-ci
étaient envoyés à la découverte, qu'ils partent

aussitôt au galop, pour arriver plus promptement en leur présence. Nous étions dans ce
moment à peu de distance du village de Birambare. Le 7.ᵉ régiment d'hussards, qui
formait l'avant-garde de Desaix, oubliant les
ordres qu'il en avait reçus, et emporté par
l'impétuosité de son chef, se range en bataille à la vue des mameloucks et se précipite sur eux avec la plus grande intrépidité.
Le succès de cette attaque ne répond point
au courage des braves qui composent ce régiment. Un seul instant est témoin de la mort
du chef de brigade Duplessis et de la dispersion de ses hussards. Leur terreur est si
grande, qu'ils se jettent en fuyant sur le
18.ᵉ dragons, qui s'avançait à toute bride
pour les soutenir, et qu'ils répandent le
trouble et la confusion dans ses rangs. Ce
régiment n'avait point encore eu le temps
de réparer ce désordre, lorsqu'il se voit assailli par les mameloucks. Malgré la déroute
des hussards et la perte de ses principaux
officiers, il se défend avec une telle bra-

voure, qu'il donne le temps à l'infanterie d'accourir à son secours et de le dégager des mains de ces redoutables ennemis. Les mameloucks, satisfaits du carnage qu'ils viennent de faire parmi nos cavaliers, se retirent à la vue de l'infanterie; et dans la crainte de la rencontrer de nouveau sur leurs pas, ils se dispersent dans le désert, en dirigeant leur fuite sur le débouché de la Kittah, que nous avions négligé d'occuper. Le général Desaix, beaucoup trop éloigné pour aller les attendre à ce passage, fait sur-le-champ passer cet ordre au général Belliard, et prend ensuite la route de Keneh.

Le général Belliard fut plus heureux que nous dans ses opérations contre les ennemis. A la nouvelle du combat de Birambare et de la direction qu'ont prise les mameloucks, il abandonne sa position de Nagadi, et se rend à grandes journées sur le troisième débouché de la Kittah, pour le fermer aux ennemis. Quoiqu'il voye manquer cette opération par l'extrême diligence des mameloucks, il continue à les poursuivre avec une si grande activité, qu'il les oblige à marcher nuit et jour sans qu'ils puissent prendre un seul moment de repos, et à se jeter enfin, pour lui échapper, de l'autre côté des cataractes. Le général Belliard ordonne alors au commandant d'Esneh de les contenir dans les déserts de la Nubie, et de les empêcher de rentrer de nouveau en Égypte. Il revient ensuite à Keneh rejoindre le général Desaix.

Le résultat de ces divers événemens ne nous laissa plus d'autres ennemis à combattre dans la Haute-Égypte que les débris de l'expédition de la Mecque, et Morad-bey qui, à la tête de ses mamaloucks, gardait une contenance tranquille, mais imposante, dans l'Oasis d'Elouah, où, ainsi qu'il a été dit, lassé de heurter la fortune, il avait été attendre le moment de reparaître avec plus de succès sur le théâtre de la guerre. Avant de tourner ses regards de son côté, le général Desaix résolut de se délivrer d'abord des Mékains, beaucoup plus à portée de lui que les mameloucks, et qui, quoique moins nombreux que ceux-ci, n'en étaient pas moins redoutables.

L'on a vu jusqu'à présent avec quel furieux acharnement ils avaient cherché à retarder la suite rapide de nos conquêtes. Les généraux Friant et Belliard leur avaient porté les coups les plus terribles, mais sans parvenir à les détruire. La durée d'une guerre aussi désastreuse avait fini par les rendre odieux à ces mêmes habitans dont ils étaient venus épouser la querelle. Ainsi la destruction du petit nombre de ceux qui restaient encore en armes, n'importait pas moins à notre tranquillité particulière, qu'à celle d'un pays qui ne les regardait plus qu'avec effroi. Partout où le cours des événemens de la guerre les obligeait à porter leurs pas, ils dévastaient les villes et les campagnes pour enlever de vive force une subsistance qu'on ne voulait plus leur donner. Toutes les provinces de la Haute-Égypte étaient exposées tour à tour à leurs rapines et à leurs brigandages. Enfin

pour mettre un terme à tant de maux, le général Desaix ordonna au général Davoust,
qui commandait la cavalerie de son armée,
de se porter dans tous les lieux où ils tente-
raient désormais de se retirer, et de ne point
abandonner leurs traces, qu'il ne les eût entièrement exterminés. Ces hommes forcenés
eurent encore l'occasion, dans cette campagne, de signaler plus d'une fois contre nous
leur désespoir et leur furie. Souvent attaqués
et toujours battus, ils furent enfin serrés de
si près par le général Davoust, qu'à leur arrivée auprès de Bénésouef, ils se virent contraints, pour se dérober à sa poursuite, de
repasser sur la rive droite du Nil qu'ils avaient
abandonnée dans les environs de Girgeh, et de
se disperser dans les déserts de la province
d'Athfiejly. Les uns ne tardèrent point à y
terminer leur vie au milieu de tous les maux
que peuvent apporter le désespoir et la misère; les autres, en bien petit nombre, poussèrent jusqu'à la ville du Caire, se perdirent
dans l'immense population de cette capitale,

et parvinrent enfin à s'évader de l'Égypte et
à rentrer dans leurs foyers. Ainsi finit cette
expédition : enfantée par les mêmes causes
qui produisirent nos croisades, elle n'eût rien
de cet esprit chevaleresque qui avait distin-
gué ces entreprises ; mais comme le caractère
des peuples reproduit les mêmes actions sous
des couleurs et des traits différens, elle n'ap-
porta au milieu de nous que les horreurs
d'une guerre de religion.

Tandis que le général Davoust poursuivait
le cours de ses succès contre les Mékains,
le général Desaix à Keneh ordonnait la construction d'un fort qui devait assurer la tranquillité du pays : il remettait en même temps
au général Belliard le commandement de
l'Égypte supérieure, dont il établit le chef-
lieu à Keneh, et le chargeait de faire prendre
possession de la ville de Cosséir, qui, par sa
position, comme on a pu le voir plus haut,
est d'un intérêt si puissant pour le commerce
de l'Égypte. Après avoir pourvu à ces différens objets, il partit de Keneh pour se rendre

à Siouth, dans l'intention de préparer une expédition dans cette ville, pour aller combattre Morad-bey. Le quatrième jour de notre marche, nous passâmes sur la rive gauche du Nil et nous entrâmes dans Girgeh. Le général Desaix s'y arrêta trois ou quatre jours, pendant lesquels il s'occupa à terminer l'organisation de la province de ce nom. Prescrite sur des bases et des principes également uniformes, cette opération se poursuivait alors avec la plus grande activité dans toute l'étendue de la Haute-Égypte. Les commandans de ses provinces avaient reçu l'ordre de compter les soins qu'ils devaient donner à ce travail, au nombre des fonctions les plus importantes qui leur étaient confiées. De Girgeh nous poursuivîmes notre route sur Siouth. Depuis notre entrée dans la Haute-Égypte, jamais aucun corps de troupes n'avait traversé ce pays avec une aussi profonde sécurité. Partout l'on apercevait l'heureuse influence du gouvernement de Desaix. La

Haute-Égypte prenait entre ses mains une nouvelle forme. Chaque jour elle se rétablissait de ses pertes et marchait à grands pas vers la prospérité. Les habitans de cette contrée étaient alors occupés à réparer, par un travail assidu, les ravages que la guerre avait causés dans leurs campagnes. Ces mêmes hommes qui, au seul bruit de notre approche, s'enfuyaient auparavant dans les lieux les plus reculés du désert, cherchaient maintenant à se rapprocher de nous et à nous donner tous les témoignages de l'amitié la plus sincère. S'ils apprenaient que nous devions passer dans leurs villages, ils s'empressaient de venir à notre rencontre et de nous apporter tous les rafraîchissemens qu'il était en leur pouvoir de nous offrir. D'autres se rassemblaient en grand nombre sur les monticules de sable qui entourent la plupart de leurs habitations, et célébraient notre passage par des acclamations réitérées. Ce spectacle, partout où il se présentait à nos yeux, nous offrait l'image

de la plus douce, comme de la plus belle victoire, que nous eussions encore remportée
sur les ennemis.

Nous retrouvâmes à Siouth ces mêmes sentimens d'amour et de concorde entre les deux
peuples que nous avions rencontrés sur toute
notre route. Cette disposition des esprits était
bien propre à donner une nouvelle activité
au projet qui ramenait le général Desaix dans
le centre de la Haute-Égypte. Aussi à peine
fut-il arrivé à Siouth, que toutes ses vues
se dirigèrent vers l'expédition des Oasis.

L'on donne ce nom en Égypte à des îles
de terre cultivées, jetées d'espace en espace
dans la vaste enceinte des déserts. Quoiqu'en-
vironnées de tous côtés d'une nature inculte
et sauvage, ces îles contiennent en abondance ce qui peut satisfaire les besoins multipliés de la vie. Toutes les productions de
l'Égypte se trouvent réunies sur un sol dont
l'aspect est agréablement varié par une infinité de ruisseaux qui sillonnent en murmu-
rant toutes ces plaines et qui répandent de

toutes parts la verdure et la fertilité. L'on compte trois principales Oasis dans les déserts de l'ancienne Lybie, qui bordent l'Égypte du nord au sud. La première est située à quelques journées d'Alexandrie, la seconde vis-à-vis de Bénésouef, et la troisième à la hauteur de Girgeh. C'est dans celle-ci, qui est la plus considérable des trois, que Morad-bey avait fixé son séjour.

Des obstacles sans nombre paraissaient s'opposer à ce que nous pussions aller le forcer dans cette retraite. Pour franchir l'aridité du sol qui nous en séparait, il fallait porter avec nous jusqu'aux moindres moyens d'existence; et l'attirail immense que demandait un semblable transport, devait nécessairement entraîner de longs et pénibles retards dans notre marche. Le trajet d'ailleurs par lui-même n'était point exempt d'inconvéniens ni de dangers. Nous étions alors dans la saison du kamsin et nous avions à redouter ces vents impétueux et brûlans qui prennent leur nom de la saison qui les produit, et dont l'action est quelquefois si terrible, qu'ils chassent devant eux des montagnes de sable et bouleversent le désert (14). Mais le général Desaix, qu'aucun obstacle ne pouvait ébranler, ne considéra dans son entreprise que les résultats avantageux qu'elle pouvait avoir, et écartant toute autre idée de son esprit, il s'occupa à réunir tous les élémens qui pouvaient la faire réussir. Son premier soin fut de rassembler le nombre de chameaux qui lui parut nécessaire pour transporter les munitions et monter les troupes qu'il comptait mener à cette expédition. De nombreux approvisionnemens de vivres furent ensuite réunis à Siouth, où l'on s'occupa en même temps à confectionner une quantité d'outres assez considérable, pour contenir l'eau qui devait servir à nos besoins pendant notre route. Tous ces apprêts furent poussés avec la plus grande activité, et le général Desaix, après y avoir mis la dernière main, était sur le point de partir pour aller recueillir le fruit de ses travaux, lorsqu'il apprit que Morad-bey, effrayé des préparatifs qui se faisaient pour aller le chercher jusque dans le fond des déserts et craignant sans doute, s'il nous attendait dans les Oasis, d'avoir à nous combattre sur un champ de bataille beaucoup trop resserré, venait tout à coup de quitter sa retraite et de rentrer en Égypte. A cette nouvelle, qui mettait fin à une entreprise où les succès que nous nous promettions se présentaient environnés d'obstacles de toute espèce, le général Desaix abandonna sans regret cette immense quantité d'équipages qu'il avait réunis à Siouth; et s'entourant d'une troupe d'élite, il courut sans tarder à la poursuite des mameloucks.

Nous partîmes de Siouth dans l'intention de ne point rentrer dans cette ville, que nous ne fussions venus à bout de joindre et d'exterminer Morad-bey. Le général Desaix sentait avec raison que notre autorité en Égypte ne serait jamais bien solidement établie, tant que nous verrions un ennemi aussi redoutable subsister sur les débris de la puissance des mameloucks. Pendant deux mois consécutifs, nous fûmes constamment attachés à ses pas, sans pouvoir jamais parvenir à l'atteindre. Tantôt il nous conduisait avec lui jusqu'aux portes du Caire; tantôt il nous ramenait du côté de Siouth. Deux ou trois fois nous crûmes toucher au moment de le joindre; mais sa prompte fuite faisait bientôt évanouir nos espérances et ne nous laissait envisager que de nouvelles fatigues. Le général Desaix, qui d'après l'expérience du passé, ne s'attendait pas à de moindres difficultés, semblait, à mesure qu'elles se multipliaient devant lui, redoubler de vivacité et d'ardeur pour les vaincre. S'apercevant à la fin que ses troupes étaient rebutées d'une guerre, qui ne leur présentait que des fatigues, sans aucun espoir de succès, il prit le parti de les ramener à Siouth, non pas cependant avec l'intention de les y laisser languir dans un repos inutile, mais afin d'y préparer des mesures beaucoup plus

efficaces que toutes celles qu'il avait em-
ployées jusqu'alors, pour parvenir enfin à
dompter Morad-bey. L'expérience lui avait
assez démontré que tant qu'il traînerait à sa
suite des corps pesans d'infanterie, il lui serait impossible de terrasser un ennemi, qui
mettait tout son espoir dans la fuite, ainsi
que nous placions le nôtre dans le sort des
combats. La division de cavalerie qui servait
sous ses ordres, ne pouvait lui être d'aucune
utilité, à cause de la supériorité reconnue
de celle des mameloucks(15). Comment faire
cependant pour détruire Morad-bey? Voici
le plan qu'adopta le général Desaix. Environ mille dromadaires furent rassemblés
à Siouth. Un nombre égal de soldats fut
choisi pour monter ces infatigables animaux.
On employa un mois entier à exercer
ces soldats à toutes les manœuvres que l'on
crut convenir au nouveau genre de guerre
qu'ils allaient entreprendre. On eut soin de
leur faire répéter souvent ces manœuvres,
afin d'accoutumer les dromadaires au bruit

du canon et de la mousqueterie ; et lorsque
les troupes qui devaient les monter furent
suffisamment exercées , le général Desaix en
donna le commandement à l'adjudant-géné-
ral Boyer , avec ordre de ne retourner à
Siouth, qu'après avoir d'une manière quelconque délivré l'Égypte de Morad-bey.

Les espérances du général Desaix furent
encore trompées dans cette campagne. L'ad-
judant-général Boyer livra plusieurs combats
à Morad-bey, dont les résultats n'amenèrent
rien de décisif. Enfin le soin que les mameloucks prenaient de nous fuir, lassa la patience de nos troupes à les poursuivre. Après
une campagne aussi longue que pénible ,
elles revinrent à Siouth, sans avoir beaucoup
plus avancé nos affaires, qu'elles ne l'étaient
avant leur départ. Le peu de fruit de cette
dernière tentative , fit encore adopter un
nouveau système de guerre contre Morad-
bey. On cessa de diriger contre lui des expéditions de long cours. On organisa plusieurs colonnes mobiles, qui avaient ordre

de se remplacer successivement, d'être constamment en action et d'observer toutes ses
démarches. Hors d'état de nous causer aucune inquiétude sérieuse , rejeté par nos
troupes loin des terres cultivées de l'Égypte
toutes les fois qu'il voulait s'y présenter ,
Morad-bey préféra encore long-temps de-
meurer libre dans la solitude et le cruel abandon des déserts, plutôt que de courber la
tête sous le joug. Enfin la bataille d'Héliopolis lui ayant ôté pour jamais l'espoir de
voir relever sa fortune , il prit alors le parti
de se soumettre à la nôtre. Il sollicita la paix
auprès du général Kléber ; mais incapable
même dans sa soumission de démentir cette
force de caractère qui lui avait fait supporter avec une persévérance aussi admirable
une si longue suite de malheurs, ce ne fut
qu'à des conditions honorables qu'il voulut
céder à nos armes. Il obtint de la générosité
du général Kléber diverses provinces qui lui
furent données en souveraineté dans le fond
de la Haute-Égypte. Dès ce moment il se

montra aussi fidèle allié, qu'il avait été ennemi implacable. Il ne viola jamais ses sermens, et il nous conserva son amitié, jusqu'à
ce que la mort vînt terminer ses infortunes
et sa vie.

Le désir de présenter dans un même cadre
tout ce qui concerne l'ennemi le plus redoutable que nous ayons eu à combattre en
Égypte, m'a fait anticiper sur les dernières
années de la vie de Morad-bey, parti que j'ai
cru pouvoir prendre avec d'autant moins
d'inconvénient, qu'il ne me reste plus à revenir sur un prince, qui dès qu'il fut notre
allié, n'eut plus aucune part aux événemens
militaires qui se succédèrent au milieu de
nous. La fin de la guerre de la Haute-Égypte,
me fait également quitter ici le général Desaix. Avant de perdre entièrement de vue
cet illustre antagoniste de Morad, je crois devoir au long intérêt dont il est l'objet dans
cet ouvrage, aussi bien qu'à l'éclat de son
nom, de ne point passer à d'autres récits,
sans entourer auparavant sa mémoire des plus

beaux traits de sa conduite parmi les Égyptiens. L'on sent peut-être que je veux parler de
cette administration paternelle, qui lui fit
conquérir le cœur des habitans de la Haute-
Égypte, après qu'il eut soumis leur pays à
ses armes.

Le premier acte du gouvernement de Desaix, fut dicté par la bienfaisance. Son ame
n'avait pu voir, sans en être déchirée, tous les
maux qui étaient venus fondre à la fois sur
la Haute-Égypte, depuis notre entrée dans
ce pays. Les Français, les mameloucks et
les Mékains, dans le cours de plus d'une
année, avaient porté tour à tour la désolation et la mort dans toutes ses campagnes.
Le général Desaix, pour réparer ce mal,
autant qu'il était en son pouvoir de le faire,
ordonna que toutes les terres qui avaient
été ravagées par les Français ou par les mameloucks, ne seraient tenues de payer aucune imposition, jusqu'à ce qu'on les eût
rendues à leur ancienne fertilité. Tout le
reste de sa conduite administrative répondit

à ce commencement. Comme il n'est rien que les hommes affectionnent autant que les préjugés au milieu desquels ils ont été élevés, le général Desaix se fit un devoir de respecter tous ceux des Égyptiens, et de ne jamais toucher à aucun de leurs usages. Il voulait laisser au temps le soin de policer leurs mœurs et d'adoucir l'âpreté et la rudesse de leurs manières. Un des principaux motifs qui avaient armé si souvent contre nous les habitans de la Haute-Égypte, c'était la crainte qu'ils avaient, que professant une religion différente de la leur, nous ne voulussions les asservir à notre culte, après les avoir soumis à notre domination. Leur attachement à la religion mahométane et le fanatisme si naturel au caractère de ces peuples, ne pouvaient leur présenter cette idée, sans les remplir d'indignation contre nous. Mais le général Desaix, pour les délivrer entièrement de cette crainte, et afin de leur faire mieux sentir combien nous étions éloignés de vouloir toucher à aucun de leurs préceptes religieux, s'appliqua de tout son pouvoir à protéger toutes les cérémonies de leur culte. Au retour de sa dernière campagne contre les mameloucks, les habitans de Siouth célébrèrent la fête de leur prophète Mahomet. Le général Desaix voulut que la musique française, en se mêlant à la pieuse allégresse des habitans, augmentât la noblesse et l'éclat de cette auguste cérémonie.

Avant notre entrée dans la Haute-Égypte, les habitans de ce pays étaient journellement exposés aux incursions des Arabes du désert, qui non contens de dévaster leurs campagnes et d'enlever leurs bestiaux, venaient encore jusque dans leurs villages les mettre eux-mêmes à contribution. Ils furent délivrés de toutes ces vexations par les soins du général Desaix. Plusieurs de ces tribus arabes, attirées par la haute réputation de ce général, vinrent à Siouth lui demander la paix ; celles qui refusèrent d'imiter cet exemple, furent contenues dans le fond des déserts, par la crainte de ses armes. La répartition des impôts, sous le despotisme des mameloucks, avait toujours été faite d'une manière également injuste et criante; entre les mains du général Desaix, elle cessa de devenir un objet de sédition et de haine. Il porta le coup d'œil le plus sévère sur l'administration de la justice. Il ne souffrit jamais que les vainqueurs fussent traités plus favorablement que les vaincus; et prévenant le cas où quelque discussion viendrait à s'élever entre un Égyptien et un Français, il donna ordre que l'on rendît justice à l'offensé, sans aucune partialité de nation. Enfin, pour asseoir sur des bases inébranlables tous les changemens qu'il faisait, il voulut que toutes les personnes qui occupaient des places sous ses ordres, portassent dans leurs opérations la même intégrité que lui. C'est ainsi que sur les débris d'un gouvernement tyrannique, il en éleva un autre, qui promettait de réparer dans peu de temps tous les maux du premier, et de rendre la Haute-Égypte à son ancienne prospérité.

Tant de bienfaits répandus sur ce pays méritaient au général Desaix une bien grande récompense, et il la reçut de la bouche même des habitans de ces contrées, qui dans les transports de leur reconnaissance, lui donnèrent le surnom de *juste* (16). Un titre aussi beau et aussi honorable, égale bien sans doute ces inscriptions fastueuses, qui servent à éterniser la mémoire des conquérans les plus renommés. Si la modestie du général Desaix, lui eût permis au moment de sa mort de reporter ses regards sur une époque aussi flatteuse pour sa gloire, sans doute il n'eût point quitté la vie en exprimant le regret de n'avoir point assez fait pour vivre dans la postérité. Est-il une route plus certaine pour conduire à l'immortalité, que de consacrer tous ses soins à faire le bonheur des hommes !

FIN DU LIVRE SECOND.

LIVRE TROISIÈME.

—

Nous allons passer à d'autres objets et nous occuper maintenant des actions dont la Basse-Égypte et la Syrie étaient le théâtre, tandis que cette longue suite d'événemens que je viens de décrire se succédaient dans la Haute-Égypte sous la conduite du général Desaix.

Dans le premier livre de cet ouvrage, j'ai laissé le général Bonaparte au moment où victorieux des mameloucks aux batailles des Pyramides et de Salahieh, il méditait en silence des coups encore plus éclatans, et consacrait les momens d'intervalle qui devaient s'écouler entre les préparatifs de ses projets et leur exécution, à l'organisation des provinces qu'il avait soumises à ses armes. Une sédition allumée dans la ville du Caire par les partisans des mameloucks et l'inconstance des Égyptiens, vint le distraire un instant de ces soins; mais le succès rapide qui termina cette révolte, le ramena bientôt à ses vues. Après cet événement, plusieurs mois s'écoulèrent encore dans les préparatifs de guerre qu'il projetait. Enfin, lorsque tout fut prêt pour agir, le général Bonaparte éclata et fit tomber l'orage sur la Syrie.

Ibrahim-bey, après sa défaite dans les déserts de Salahieh, avait été accueilli dans ce pays d'une manière bien plus favorable qu'il n'avait osé l'espérer. Ahmet, Djezzar, pacha d'Acre, l'avait reçu dans son gouvernement. Cet homme, connu dans toute l'Asie par ses crimes, et qui se parait avec un orgueil farouche d'un titre odieux que lui avaient valu ses forfaits (17), craignant de trouver un vengeur chargé de son châtiment dans le conquérant de l'Égypte, résolut de rétablir Ibrahim-bey dans ce pays, afin de s'en faire une barrière assez forte pour l'opposer à l'ennemi dont il redoutait la puissance. Mais le général Bonaparte, instruit de longue

main de ses desseins et déjà en mesure de
les prévenir, ne lui laissa point le temps de les
exécuter, et dans l'intention de le punir lui-
même de l'accueil favorable qu'Ibrahim-bey
avait reçu dans son gouvernement, il s'ache-
mina rapidement sur la Syrie, à la tête de
dix mille hommes de son armée. Avant de
partir du Caire, et pour maintenir cette bonne
intelligence qui régnait depuis si long-temps
entre la France et la Turquie, il fit connaître
au Grand-Seigneur le but de l'expédition
qu'il allait entreprendre et les motifs qui l'y
déterminaient. Mais la Porte ne tint aucun
compte de cette démarche pacifique du général Bonaparte. Déjà mécontente de la conquête de l'Égypte, elle conclut un traité
d'alliance avec l'Angleterre et la Russie,
alors en guerre avec la France, et se dis-
posa, non-seulement à s'opposer de toutes
ses forces à l'invasion de la Syrie, mais encore à tenter les efforts les plus extraordinaires, pour rentrer en possession de
l'Égypte.

Les plus brillans succès signalèrent l'entrée de Bonaparte dans la Syrie. Il se présenta devant El-Arich, Gaza et Jaffa, et la prise de ces villes ajouta de nouveaux lauriers à ceux qu'il avait déjà cueillis en Égypte et en Italie. Des armées ennemies rassemblées de toutes les parties de l'Asie, furent dispersées dans les plaines de Nazareth et les vallées du Mont-Thabor. Des succès aussi rapides et aussi éclatans firent trembler l'empereur de Constantinople, qui se crut chancelant sur son trône, tout le temps qu'il vit dans le cœur de ses états un ennemi aussi terrible qu'entreprenant. La ville de Saint-Jean d'Acre, eut la gloire d'arrêter ce torrent débordé contre l'empire ottoman. Treize assauts meurtriers donnés à cette place, rougirent infructueusement ses murs du sang de nos plus braves guerriers. Cependant si nous ne pûmes pénétrer dans l'enceinte de Saint-Jean d'Acre, nous eûmes du moins la cruelle satisfaction de détruire cette ville de fond en comble. Encore quelques jours

de siége nous en eussent rendu les maîtres;
mais la saison des débarquemens s'approchait, des armemens formidables se préparaient dans tous les ports de la Turquie,
et le général Bonaparte prit le parti d'abandonner un monceau de ruines et de voler
à la défense de l'Égypte, que nos ennemis
étaient sur le point d'attaquer.

Sa prévoyance fut bientôt justifiée. Un
mois s'était à peine écoulé depuis son retour
en Égypte, lorsqu'il apprit qu'une flotte
turque de cent voiles, venait de paraître à
la vue d'Aboukir. Des ordres sont aussitôt
donnés à trois divisions de l'armée de se
porter à pas précipités sur les côtes; lui-
même, à la tête de son quartier-général, ne
tarde point à suivre ces premiers corps, et
le 7 thermidor (25 juillet 1799), quatre ou
cinq mille Français se trouvent rassemblés
sous ses ordres dans les déserts d'Aboukir.

Dans l'intervalle de sa marche, dix-huit
à vingt mille janissaires avaient débarqué sur
cette plage, s'étaient emparés d'un mauvais

fort qui la défendait, et s'étaient ensuite retranchés sur les rivages de la mer pour y
attendre les Français. Cependant, malgré la
supériorité du nombre et de la position qu'occupait l'armée turque, le général Bonaparte
ne balança pas un seul instant à l'attaquer.
Cet homme extraordinaire, que les plus
grands périls ne pouvaient étonner, sembla
même se plaire avant la bataille à détailler
à ses soldats tous les avantages des ennemis,
afin de leur donner encore plus d'ardeur
pour les vaincre et doubler à leurs yeux
le prix de la victoire.

« Soldats, dit-il à son armée avant de la
» mener au combat, vous allez attaquer un
» nombre d'ennemis six fois supérieur au
» vôtre. Votre valeur fait votre seule défense;
» des retranchemens inabordables ajoutent
» encore à la leur. La rapidité de votre marche
» ne vous a permis de traîner à votre suite
» que peu de pièces de canon; une artillerie
» formidable les garantit de toutes parts. Mais
» je le vois, braves soldats, tous ces avantages

» de l'ennemi, bien loin de rallentir votre ar-
» deur, ne font qu'enflammer votre courage.
» Vous n'en témoignez que plus d'impatience
» à marcher au combat; car votre gloire ne
» serait point accomplie, si vous n'aviez à sur-
» monter que des obstacles ordinaires ».

Le choc des deux armées fut terrible et
la victoire long-temps incertaine. Nos demi-
brigades repoussées à l'attaque des retranchemens ennemis, fuyaient devant les Turcs,
lorsque la cavalerie accourut à leur secours
et ramena la victoire sous nos drapeaux. Jamais on ne vit de carnage plus horrible, que
celui que nous fîmes des Turcs dans cette mémorable journée. Tout ce qui ne fut point
passé au fil de la baïonnette, trouva une mort
bien plus affreuse dans les abîmes de la mer,
en voulant regagner ses vaisseaux à la nage.
Tentes, bagages, artillerie, munitions, tout
ce qui enfin appartenait aux ennemis, et jusqu'au général même qui les commandait,
tombèrent en notre pouvoir. Tel fut le sort
de la première armée turque qui voulut

nous contester la possession de l'Égypte. Le général Bonaparte avait mis une si grande promptitude à arriver en présence de l'ennemi, à l'attaquer et à le détruire, que, comme César, il pouvait écrire après sa victoire : Je suis venu, j'ai vu, j'ai vaincu.

Le gain de la bataille d'Aboukir, parut fixer pour l'avenir les destinées de l'Égypte. Le résultat de ce grand événement vint établir notre autorité dans ces contrées déjà subjuguées par nos armes, sur des bases qui semblaient devoir être inébranlables. Des bords de la Méditerranée aux cataractes du Nil, tout le pays reconnut plus que jamais notre puissance ; et rien ne se montrait autour de nous qui pût nous faire craindre de l'y voir troubler désormais.

Dans l'état actuel où se trouvait l'Égypte, il n'était plus besoin d'un génie pareil à celui de Bonaparte, pour y diriger nos affaires. Il fallait maintenant un autre théâtre à cette ame insatiable de gloire, afin de déployer ses talens. Bientôt l'occasion la plus noble qui pût s'offrir à un homme, celle de mettre un terme aux divisions d'un grand peuple et de faire régner à leur place les lois, la concorde et l'union, vint réclamer sa présence en Europe. Depuis long-temps toutes les nouvelles que nous recevions de notre patrie, ne nous apportaient que des sujets d'affliction et de deuil. Au-dedans les partis révolutionnaires s'étaient réveillés avec plus de fureur que jamais, au dehors tout le fruit des brillantes campagnes de Bonaparte en Allemagne et en Italie, avait été perdu sans retour. Pour porter le comble à tant de maux, des armées formidables sorties du nord de l'Europe, se préparaient de toutes parts à envahir notre territoire. A la nouvelle des périls qui menaçaient la France, le général Bonaparte se décida soudain à partir de l'Égypte pour voler à la défense de la métropole. Il couvrit son projet du voile le plus impénétrable. Il craignait que l'armée n'interprétât d'une manière défavorable les motifs qui l'obligeaient à l'abandonner. Il la prévint dans un ordre du jour qu'il allait établir son quartier-général à Menouf. Il partit en effet pour cette ville; mais au lieu de s'y arrêter, il continua sa route sur Alexandrie, où il s'embarqua sur deux frégates qu'il avait fait équiper sous prétexte de conduire des aveugles en France, mais dont la véritable destination était de l'y ramener lui-même, ainsi que les généraux et les guides dont il jugea à propos de se faire accompagner dans ce voyage.

La fortune de Bonaparte ne l'abandonna point dans cette traversée. Quoique la mer méditerranée fût couverte de vaisseaux en-nemis, cependant les frégates qui le portaient échappèrent à tous les dangers qui les envi-ronnaient, et relâchèrent à Fréjus, où les habitans reçurent ce héros, comme l'ange tutélaire de la France. Le monde entier sait qu'il se rendit ensuite à Paris, et qu'il mit un terme aux malheurs de notre patrie, en renversant le gouvernement directorial et en élevant sur ses débris le gouvernement consulaire.

Le départ de Bonaparte de l'Égypte, laissa dans tous les cœurs la plus profonde affliction. Ces braves soldats qui avaient vieilli en combattant sous les ordres de ce grand homme, ne purent se consoler de sa perte qu'en apprenant qu'il avait désigné pour son successeur le général Kléber, c'est-à-dire celui-là même qu'ils auraient voulu élever à ce poste, si on leur eût laissé le choix de se donner un général. Kléber était du nombre de ces hommes extraordinaires qui, dans la guerre de la révolution, ont reculé la gloire du nom français, jusqu'à des bornes encore ignorées dans les fastes de notre histoire. D'un caractère ardent et impétueux, cependant il ne portait pas moins de réflexion et de prudence dans les conseils, qu'il ne mettait d'audace et de rapidité dans l'exécution d'un projet. Fort de ses propres actions, il ne connaissait ni la médisance, ni l'envie, et ne voyait dans les

généraux même dont la gloire pouvait éclip-
ser la sienne, que des modèles à étudier et
sur lesquels il devait se former. Au reste cette
justice qu'il rendait au mérite dans les autres,
il se l'accordait aussi à lui-même et il s'étendait avec complaisance sur les événemens de
sa vie. Ses manières étaient grandes et aisées ;
il aimait le faste et la richesse sur sa personne : mais son luxe était celui d'un guerrier, et jamais il n'était aussi recherché dans
sa parure, que dans un jour de combat. Ce
qu'on estimait surtout en lui, était une bonté
de caractère que rien ne pouvait altérer, et
dont il donna des preuves dans toutes les
circonstances de sa vie. C'était principalement
avec les soldats qui servaient sous ses ordres
que cette bonté se faisait remarquer. Il semblait qu'il voulait leur rendre en attentions
et en prévenances la gloire dont ils entouraient sa carrière militaire. Aussi en était-il
l'idole et le regardaient-ils tous comme un
père tendre et affectueux. Tel était l'homme
qui allait remplacer le général Bonaparte

dans le commandement en chef de l'armée d'Égypte.

Les premiers temps du commandement de Kléber, n'apportèrent à son ame que des sujets d'inquiétude et de peines. Il ne fut pas long-temps sans s'apercevoir que si l'autorité suprême est environnée de charmes et d'honneurs, elle ne laisse pas que d'être souvent abreuvée d'amertumes et de soucis. Ce brave général, en prenant le commandement de l'armée, l'avait prévenue que le soin de son bonheur allait devenir la plus vive de toutes ses sollicitudes. Mais les circonstances n'étaient pas de nature à pouvoir seconder sa bonne volonté. Au moment où il avait été élevé au commandement en chef, l'armée était couverte de gloire et de misère tout à la fois. Occupés jusqu'alors à conquérir et à combattre, les généraux qui la commandaient n'avaient point encore eu le temps de songer au bien-être de leurs soldats. Cependant huit à dix mois de solde s'étaient accumulés les uns sur les autres; et la grandeur de cette dette ôtait jusqu'à l'espoir de pouvoir jamais l'acquitter. Ce n'est pas que les contributions ne rentrassent exactement ; mais comme les ressources de l'Égypte n'étaient pas aussi bien connues qu'elles le furent dans la suite, il ne se trouvait point des fonds assez considérables dans les caisses pour faire face à un arriéré aussi énorme. Dans tous les temps et dans tous les pays, la solde des troupes, lorsqu'on s'est vu dans l'impuissance de pouvoir la payer, a toujours été dans les armées un sujet de dissensions et de révoltes. On va bientôt voir cette même cause produire les mêmes effets parmi nos soldats.

Nous n'étions point destinés à jouir d'une longue tranquillité en Égypte : trois mois s'étaient à peine écoulés depuis le gain de la bataille d'Aboukir, et déjà de nouveaux dangers se préparaient à fondre sur nos têtes, et une guerre bien plus terrible que toutes celles que nous avions encore soutenues, en Égypte, était sur le point de s'allumer contre nous. Le Grand-Seigneur avait enfin résolu de tirer la vengeance la plus éclatante de tous les affronts qu'avait reçu la gloire des armes ottomanes depuis notre arrivée dans ses états. Une armée formidable accourut à sa voix de toutes les parties de l'empire ottoman, et vint couvrir de ses tentes et de ses soldats toutes les plaines de la Syrie. Le grand-visir reçut ordre de partir de Constantinople et de conduire cette armée à la conquête de l'Égypte. Dans le même temps et afin de mieux assurer le succès de cette entreprise, une flotte chargée de six mille hommes de janissaires d'élite fut équipée dans les ports de la Turquie et destinée à nous porter les premiers coups. Elle mit immédiatement à la voile et vogua vers la ville de Damiette, dont elle avait la mission de s'emparer. Le général Verdier commandait les troupes françaises que nous avions en garnison dans cette place. A la première nouvelle qu'il reçut de l'apparition d'une escadre ennemie sur les côtes de l'Égypte, ce général sortit de Damiette à la tête de la 2.^e

demi-brigade d'infanterie légère, et se porta rapidement au fort de Lesbeh, qui était le lieu où les Turcs paraissaient vouloir effectuer leur débarquement. Les chaloupes ennemies jettèrent à terre plusieurs milliers de janissaires. La 2.ᵉ demi-brigade, sans leur donner le temps de se former en bataille, courut sur eux la baïonnette à la main et les culbuta dans la mer. Cette victoire ne nous eût rien laissé à désirer, si nous n'avions eu le malheur de perdre dans l'action le brave Desnoyer, chef de la 2.ᵉ demi-brigade. Les vaisseaux ennemis, effrayés du peu de succès de cette première entreprise, remirent subitement à la voile et s'éloignèrent des côtes de l'Égypte, sans vouloir courir les hasards d'une seconde descente.

La 2.ᵉ demi-brigade ternit bientôt la gloire dont elle venait de se couvrir au combat de Lesbeh, en demandant les armes à la main le paiement de l'arriéré de sa solde. La mort de Desnoyer avait fait disparaître parmi elle cette discipline sévère qu'il savait entretenir dans ses rangs. Aussi dès l'instant qu'elle ne se vit plus contenue par la présence d'un chef qu'elle redoutait autant qu'elle estimait, elle se révolta ouvertement et menaça le général Verdier d'en venir aux dernières extrémités s'il refusait de satisfaire à ses demandes. Ce général, qui venait de vaincre avec elle, ne sut point résister à ses menaces et promit de lui faire accorder ce qui faisait l'objet de sa révolte. Mais le général Kléber fit voir dans cette occasion, que s'il avait pour son armée la tendresse d'un père, il savait aussi déployer toute la sévérité d'un chef, lorsqu'on osait secouer le joug de l'obéissance. Il cassa la 2.ᵉ demi-brigade et la dissémina dans les autres corps de l'armée. Les principaux auteurs de la révolte furent arrêtés par ses ordres, jugés par un conseil de guerre et condamnés suivant toute la rigueur des peines militaires. Le supplice de ces séditieux apaisa la colère du général Kléber. Le repentir de la 2.ᵉ demi-brigade émut son ame compatissante, et par un retour de cette bonté si naturelle à son caractère, il lui rendit son numéro et le rang qu'elle occupait dans l'armée.

L'exemple que venait de donner la 2.e demi-brigade, excita une fermentation générale parmi le reste de nos troupes. Cette désorganisation de l'armée arrivait dans un moment d'autant plus funeste à nos intérêts, que la guerre que nous avions à soutenir contre la Porte-Ottomane, prenait chaque jour un caractère plus effrayant. Le mauvais succès de l'expédition de Damiette, n'avait point arrêté les projets du grand-visir, qui, à la tête de quatre-vingts mille hommes, était alors en marche pour envahir l'Égypte. Les hostilités commencèrent par le siége d'El-Arich. L'esprit de révolte qui s'était communiqué à la masse entière de notre armée, ouvrit aux ennemis les portes de ce fort. Les troupes qui le défendaient, effrayées de se voir entourées par cette quantité prodigieuse de forces qui marchaient à la suite du grand - visir , crurent qu'en trahissant lâchement leur patrie, elles obtiendraient une vie qu'elles pouvaient bien mieux conserver en se battant avec courage. Elles se révoltèrent contre leur commandant, et jetèrent des cordes aux Turcs, pour les aider à monter sur les remparts. Une trahison aussi inouïe fut à l'instant punie par ceux mêmes qui devaient en profiter. Les Turcs ne se virent pas plutôt en possession du fort, qu'ils firent main-basse sur toute la garnison, sans épargner aucun des traîtres qui leur avaient donné la victoire. Dans cet instant de carnage et d'horreur, un grenadier qui avait refusé de participer à la lâche conduite de ses camarades, entreprit de réparer à lui seul la faute de tout son corps. Il tira son coup de fusil au milieu de plusieurs barils de poudre. L'explosion, en faisant sauter une partie du fort, ensevelit sous ses débris, et des soldats qui n'étaient plus dignes de porter le nom de Français, et plusieurs centaines d'ennemis.

La prise d'El-Arich, qui est la clef de

l'Égypte, et le mécontentement de ses troupes, firent porter au général Kléber des regards inquiets sur sa position. L'avenir ne se présentait devant lui que sous un jour défavorable ; il n'y voyait qu'un accroissement de périls, sans aucun espoir de secours du côté de la France. Réduit à ses propres forces pour faire face à l'orage qui le menaçait, elles lui parurent insuffisantes pour se défendre avec succès. L'expédition de Syrie, cette multitude de combats que nous avions livrés aux mameloucks, les dyssenteries et la peste, maladies inhérentes au climat de l'Égypte, avaient moissonné la meilleure partie de nos soldats. Ce qui restait encore en armes, n'était point en état de lutter avec avantage contre l'ennemi, dans le cas surtout où ce dernier aurait la précaution de nous attaquer sur plusieurs points à la fois. Dans cet état de choses, le général Kléber ne vit aucun espoir de conserver plus long-temps la possession de l'Égypte ; et, ne pouvant s'ouvrir le chemin de la France par la force des armes, il résolut d'y ramener son armée par la voie des négociations. Il envoya dans cet objet des plénipotentiaires en Syrie, pour traiter avec le grand-visir de l'évacuation de l'Égypte. Mais s'il était obligé de céder à la mauvaise fortune, il voulut conserver sans tache l'honneur de ses soldats, et il donna l'ordre à ses plénipotentiaires de ne conclure la paix avec les ennemis, qu'à des conditions faites pour être acceptées par une armée telle que celle d'Égypte, qui était revêtue de l'éclat d'une si grande renommée.

Cependant, comme il n'est rien de plus propre pour obtenir une paix honorable, que de se montrer en même temps dans un grand appareil de guerre, le général Kléber, après le départ de ses plénipotentiaires pour la Syrie, partit lui-même du Caire, à la tête de toutes les troupes françaises qui se trouvèrent sous sa main, et vint se camper à Salahieh. Ce poste est, après El-Arich, la seconde clef de l'Égypte. C'est dans cet endroit que les armées étrangères qui veulent

13 *

envahir ce pays du côté de la Syrie, soit obligées de déboucher à leur sortie des déserts de l'isthme de Suez. Nous réunîmes sur ce point tous les moyens de défense qui furent jugés capables d'arrêter l'ennemi, dans le cas où rejetant toute proposition de paix, il voudrait franchir l'espace qui le séparait de notre armée. Ayant ainsi pris ses mesures pour s'opposer à l'invasion de l'Égypte, le général Kléber se tint prêt à tout événement.

Les conférences pour la paix s'ouvrirent d'abord entre nos plénipotentiaires et sir Sidney Smith, commandant la croisière anglaise sur les côtes de l'Égypte, qui avait été chargé de tous les pouvoirs de la Porte-Ottomane. Elles furent ensuite continuées avec d'autres ministres nommés par le grand-visir, dans un lieu situé près du fort d'El-Arich. Sir Sidney Smith servit de médiateur entre les deux nations. Après de longues altercations de part et d'autre, le traité d'El-Arich fut conclu, et la première condition fut l'évacuation de l'Égypte. Les autres articles roulaient sur le nombre de mois qui devaient s'écouler jusqu'au moment de notre embarquement ; sur la quantité de bourses qui devaient nous être remises pour le paiement des fortifications que nous avions élevées dans le pays, et que nous abandonnions à l'armée turque ; et enfin sur d'autres objets qui, quoique d'une moindre importance, servaient tous à prouver que si nous nous étions décidés à évacuer l'Égypte, ce n'était que parce que l'on avait souscrit à toutes les conditions que nous avions voulu dicter.

Le 7 pluviôse an 8 (27 janvier 1800), le général Kléber apprit à Salahieh la conclusion du traité d'El-Arich. Le lendemain il en ratifia les conditions et les fit connaître à l'armée. Ce traité fut accueilli dans ses rangs avec une acclamation et des transports unanimes. En apprenant qu'elle allait revoir sa patrie, l'armée oublia tout à coup et les motifs de son mécontentement actuel et tous les maux qu'elle avait soufferts en Égypte, et elle ne forma plus d'autre vœu que de voir arriver le moment où elle devait s'embarquer pour faire voile vers là France.

Ce bonheur ne lui était point encore réservé. Elle n'était point arrivée au terme de ses glorieux travaux en Égypte, et elle devait laisser encore des traces profondes de son passage dans ce pays, avant de s'en éloigner pour retourner dans sa patrie.

Le général Kléber, après avoir ratifié le traité d'El-Arich, s'appliqua à donner tous ses soins à ce que les conditions auxquelles il venait de s'engager par ce traité, fussent soigneusement et promptement exécutées. Il ramena son armée dans la ville du Caire, et dépêcha des courriers extraordinaires dans toutes les provinces de l'Égypte, pour en ordonner l'évacuation dans le plus court délai possible. Les troupes qui occupaient la Basse-Égypte, avaient ordre de se rendre directement dans les villes d'Alexandrie, d'Aboukir et de Rosette, qui étaient les lieux où nous attendaient les vaisseaux ennemis qui devaient nous transporter en Europe ; celles qui étaient répandues dans la Haute-Égypte, devaient, à leur passage dans la ville du Caire, se réunir à l'armée en garnison dans cette capitale et marcher de concert avec elle sur les points de l'embarquement. Tandis que le général Kléber prenait ces diverses mesures, le grand-visir de son côté levait son camp de devant El-Arich, et s'avançait, avec son armée, sur les frontières cultivées de l'Égypte. Il fit occuper d'abord le fort de Catieh dans les déserts de l'isthme de Suez, il marcha de là sur Salahieh, et vint ensuite se camper avec toutes ses forces dans les plaines de Belbéis, à environ dix lieues du Caire. La prise de possession de l'Égypte par l'armée turque, se fit avec assez de calme et de tranquillité. De son camp de Belbéis, le grand-visir fit passer plusieurs corps de janissaires et d'Albanais dans l'intérieur de l'Égypte, pour y prendre la place des troupes françaises qui leur abandonnaient le pays. Les ennemis s'établirent ainsi successivement et dans les délais convenus par le traité d'El-Arich, dans la plupart des villes que nous occupions précédemment en Égypte. Pour en achever l'évacuation, il ne restait guères plus à leur livrer que la ville du Caire ; déjà tous les forts qui défendent cette place étaient désarmés ; les munitions de guerre et de bouche qu'on en avait retirées, étaient en route pour se rendre à Alexandrie, et nous touchions enfin à la veille du jour où nous allions remettre cette capitale entre les mains du grand-visir, lorsque des dépêches adressées par sir Sidney Smith au général Kléber, vinrent arrêter tous ces préparatifs de départ et donner un autre cours aux affaires.

Ces dépêches contenaient la rupture du traité d'El-Arich. Elles portaient en substance que l'amiral Keith, commandant en chef de la flotte anglaise dans la Méditerranée, avait reçu des ordres qui s'opposaient d'une manière formelle à la libre sortie des troupes françaises de l'Égypte. Il est difficile d'imaginer quelles raisons purent engager le gouvernement britannique à empêcher notre départ d'un pays, dont l'occupation pouvait nous mettre à même dans la suite des temps, d'inquiéter ses riches possessions de l'Inde. Il paraît d'ailleurs qu'il était de l'honneur de ce gouvernement de n'apporter aucun obstacle à l'exécution d'un traité dont un de ses représentans avait été lui-même le médiateur. Dans l'impuissance où l'on se trouve de justifier par quelque motif raisonnable la conduite que les Anglais tinrent avec nous dans cette occasion, on ne peut que les charger de l'imputation peu honorable pour eux, d'avoir voulu, en haine du nom Français, profiter d'un moment où l'Égypte entière était couverte d'ennemis, pour consommer notre ruine, qu'ils regardaient sans doute comme inévitable dans de pareilles circonstances.

Malgré le désavantage de sa position, le général Kléber ne montra que de l'indignation en apprenant cette lâche perfidie des

Anglais, qui nous refusaient le passage en Europe, après s'être engagés à nous l'accorder par le traité d'El-Arich. Dans un instant tous les forts du Caire furent remis en état de défense, et l'armée française vint prendre position dans les plaines de la Coubeh. Le grand-visir fut en même-temps prévenu des dispositions des Anglais. Après lui avoir fait connaître les causes qui s'opposaient désormais à l'exécution du traité qu'il avait conclu avec la Porte-Ottomane, le général Kléber l'invitait à se retirer sur-le-champ du territoire de l'Égypte, s'il ne voulait y être contraint par la force des armes. Mais le visir, peu effrayé de nos menaces, dans l'état où il voyait nos affaires, pour toute réponse, vint asseoir son camp à Matharieh, village construit à la vue du Caire. L'extrémité de notre position était telle, qu'elle n'admettait aucun délai pour en sortir. L'Égypte entière, à la réserve de quelques placés, était au pouvoir de nos ennemis; une armée formidable, revendiquant avec hauteur les droits

que le traité d'El-Arich lui donnait sur le
pays, était aux portes du Caire, et pour faire
face à tant de maux, le général Kléber n'a-
vait à compter que sur la fermeté de son
ame et sur le courage de quelques milliers
de Français qui composaient son armée. Ni
l'un, ni l'autre, ne lui manqua dans cette
terrible conjoncture. L'armée venait d'être
renforcée de toutes les troupes de la Haute-
Égypte qui, prévenues sur leur route de la
rupture du traité d'El-Arich, avaient pré-
cipité leur marche pour arriver au plutôt
dans la ville du Caire. Ayant ainsi autour
de lui toutes les forces dont il pouvait disposer, le général Kléber se hâta de commencer ses opérations contre les ennemis.
D'abord pour enflammer davantage le courage de ses soldats, il fit connaître à l'armée
la manière indécente avec laquelle l'amiral
Keith s'opposait à l'exécution du traité d'El-
Arich. « Le Roi, mon maître, écrivait inso-
» lemment cet amiral, m'a ordonné de n'accor-
» der aucune capitulation à l'armée française

» d'Égypte, à moins qu'elle ne mette bas les
» armes et ne se rende prisonnière de guerre ».
Des propositions de cette nature, faites à
des soldats qui préféraient la mort la plus
cruelle à la honte de voir flétrir les lauriers
dont ils étaient couverts, enflammèrent l'armée de vengeance et de fureur. Dès cet instant, le désir de retourner en France sortit
de toutes les ames : un cri de guerre universel
se fit entendre dans tous les rangs ; et dans
l'impuissance où l'on était de pouvoir atteindre les Anglais, l'on ne songea qu'à laver
dans le sang de leurs alliés l'injure mortelle
qu'ils avaient osé nous faire. A l'exemple de
Léonidas, nos braves soldats s'écriaient de
toutes parts, en aiguisant leurs baïonnettes :
« Si les Anglais veulent nos armes, qu'ils vien-
» nent les prendre ! » Le général Kléber, pour
donner encore une plus grande énergie au
noble enthousiasme qui venait de s'emparer
de son armée, lui donna le signal des combats
par ces mots bien plus propres à électriser les
esprits, que ces longues harangues que les

historiens grecs et romains ont coutume de mettre dans la bouche de leurs généraux : « Soldats ! nous répondrons par des victoires » à une pareille insolence; préparez-vous à » combattre ».

Dans la nuit du 28 au 29 ventose (du 19 au 20 mars 1800), il partit de son quartier-général du Caire et se rendit à la Coubeh. A son arrivée au camp, l'armée française se forma en bataille sur cinq carrés rangés par échelons, et se mit de suite en mouvement. A la pointe du jour, le grand-visir fut attaqué à sa position de Matharieh. Ce village est construit sur les ruines d'Héliopolis, ville de l'ancienne Égypte, consacrée au soleil, et qui a donné son nom à la bataille. Les grenadiers de la division du général Regnier se présentèrent la baïonnette à la main devant les retranchemens qui entouraient le village de Matharieh. Un corps nombreux de janissaires était chargé de la défense de ces retranchemens. Le combat fut long-temps disputé entre ces deux troupes ennemies; la valeur était égale des deux côtés ; mais enfin la discipline militaire l'emporta, et tous ces janissaires furent passés au fil de la baïon-nette ou se rendirent prisonniers. La prise d'un poste aussi important fut suivie de l'entière déroute de l'armée ottomane. La cavalerie turque, après avoir tourné long-temps autour de nos carrés, se trouvant sans doute trop maltraitée par le feu terrible de notre artillerie, se décida soudain à la retraite et gagna confusément la route du désert. Elle entraîna dans sa fuite toutes ces hordes indisciplinées, qui n'avaient suivi le grand-visir que dans l'espoir de s'enrichir de nos dépouilles, et qui abandonnèrent ses drapeaux lorsqu'ils virent qu'il fallait les acheter au prix de leur sang et de leur vie. Ainsi cette armée innombrable, accourue du fond de l'Asie sur le territoire de l'Égypte, et qui s'était vue sur le point de vaincre sans avoir combattu, se dispersa devant nos carrés, comme la poussière du désert devant les vents orageux du Kamsin. Nous n'eûmes besoin, pour ainsi dire, que de montrer nos fronts victorieux, pour faire rentrer dans le néant des soldats avilis par la honte de l'esclavage, et intimidés par les glorieuses journées d'Aboukir et de Lesbeh.

Le soir de cette bataille, qui venait de nous redonner la possession de l'Égypte, l'armée française alla se reposer de ses fatigues au village d'El-Kanka. Le lendemain de bonne heure, le général Kléber se mit à la poursuite des Turcs. La consternation la plus grande avait frappé leur armée, qui se retirait avec une extrême précipitation de l'Égypte, pour rentrer au plutôt en Syrie. Il était facile de reconnaître la direction qu'elle prenait dans sa fuite, aux traces déplorables par lesquelles elle marquait son passage. Toute la route qu'elle parcourait était couverte de débris d'artillerie et de bagages, et de blessés expirans dans les convulsions du plus horrible désespoir. Dans la matinée du 30 ventose (21 mars 1800), nous arrivâmes à Belbéis. Les troupes qui défendaient cette ville ne tinrent qu'un instant devant nous, et pour éviter de plus grands maux, elles déposèrent leurs armes et se rendirent à discrétion. Après la prise de Belbéis, l'armée se remit en mouvement et arriva à Coraïm. Le nom de ce village est devenu fameux par un combat qui se livra sous ses murs, et dans lequel le général Kléber manqua de devenir victime d'une imprudence que lui dicta son courage. Ce général, qui parcourait tour à tour tous les rangs de son armée pour encourager ses soldats par sa présence et par ses discours, se trouvait parmi les troupes du général Belliard, lorsque voulant passer, à la tête de quelques guides, de cette division, à celle du général Regnier, qui était vivement attaquée auprès du village de Coraïm, il fut assailli par un gros de cavalerie turque, sous les efforts duquel il était sur le point de succomber, lorsque le 14.ᵉ régiment de dragons accourut à son secours et le délivra des mains de cette troupe d'ennemis. Le lendemain de cet événement, l'armée continua sa marche, à la suite de l'armée turque, et se dirigea sur Salahieh. Parvenue à quelque distance de cette ville, chaque division se forma en bataillon carré et se mit en état de combattre. Le général Kléber s'attendait à ce que l'armée ottomane aimerait mieux mourir les armes à la main sur cette extrémité des frontières cultivées de l'Égypte, que de s'exposer, dans l'état de délabrement où elle était, à supporter toutes les souffrances qui l'attendaient au milieu des déserts qui séparent l'Afrique de l'Asie. Mais la terreur de notre nom avait répandu une si grande consternation parmi elle, qu'au premier bruit de notre approche elle abandonna précipitamment Salahieh, et ne songea qu'à gagner au plutôt les frontières de la Syrie. Elle ne se donna pas même le temps de détendre ses tentes et de les emporter avec elle. Nos soldats entrèrent dans le camp que l'ennemi venait d'abandonner, et y trouvèrent la récompense de l'expédition glorieuse qu'ils venaient de terminer, par le riche butin qu'ils y firent.

Il est impossible de se former une idée des calamités sans nombre qui détruisirent une grande partie de l'armée turque dans son trajet d'Afrique en Asie. Les déserts qui séparent ces deux parties du monde, ressemblent à ceux qui conduisent d'Alexandrie au Caire. Même aridité dans le sol, même chaleur dans le climat, même disette d'eau et de tout ce qui est indispensable aux premiers besoins de la vie. L'on peut donc juger de la grandeur des souffrances et des privations qui vinrent en foule assaillir cette armée, par celles que nous éprouvâmes nous-mêmes à l'époque où les batailles de Chebreisse et des Pyramides signalaient nos premiers pas en Égypte. Presque tous les Turcs qui avaient échappé aux baïonnettes de nos soldats, trouvèrent une mort bien plus affreuse au milieu de ces sables arides et inhabités ; et cette armée, qui comptait quatre-vingt mille combattans à la bataille d'Héliopolis, se trouva réduite à peine à cinq ou six mille hommes, lorsqu'elle pût regagner les campagnes de la Syrie.

Le général Kléber ne jugea pas à propos de poursuivre l'armée ottomane au-delà de Salahieh. Il prévit avec raison que les souffrances qu'elle éprouverait en traversant les déserts de l'isthme de Suez, feraient de bien plus grands ravages parmi elle, que ne pourraient lui en causer ses armes. Il partit de Salahieh, après avoir laissé une demi-brigade en garnison dans ce fort, et il se hâta de ramener le reste de ses troupes au Caire, où les motifs les plus majeurs commandaient impérieusement sa présence.

Le jour même de la bataille d'Héliopolis, au moment où l'armée ottomane prenait la fuite devant nos carrés, une colonne ennemie d'environ douze mille hommes, d'après les ordres qu'elle en avait reçus du grand-visir, dont l'intention était d'opérer, s'il était possible, une diversion utile à ses intérêts, avait pris la route du Caire et était entrée dans

14 *

cette ville par la porte des Victoires. Nassif-pacha et Ibrahim-bey, qui commandaient cette colonne, pour engager les habitans à se révolter contre les Français, firent aussitôt proclamer notre défaite dans tous les quartiers de la ville, et afin de dissiper tous les doutes qu'on eût pu en concevoir, ils l'accompagnèrent de détails qui surent en imposer à la multitude. Le grand-visir, disaient-ils, s'était éloigné du Caire et avait pris la route du Delta, afin de poursuivre les débris de l'armée française qui s'étaient jetés dans cette province ; mais il ne devait pas tarder à paraître dans les murs de la capitale de l'Égypte, pour achever d'exterminer tous les Français qui avaient craint de se mesurer avec lui dans les plaines d'Héliopolis. En croyant apprendre notre défaite, les habitans du Caire sentent réveiller dans leurs cœurs cette ancienne haine pour le nom chrétien, que le fanatisme de la religion musulmane a gravé de tout temps dans l'ame de ses sectateurs, et comme saisis d'un esprit de vertige,

ils courent tumultueusement aux armes, et
arborent avec fureur l'étendard de la révolte. Bientôt elle se communique, ainsi
qu'un vaste incendie, dans toutes les parties
de cette immense cité. Toutes les rues ne
retentissent plus que de cris de mort contre
les Français ; et les imans eux-mêmes, du
haut de leurs minarets, donnent le signal du
carnage, en en promettant la récompense
au nom du dieu de Mahomet.

Les partisans des Français deviennent les
premières victimes de cette sanglante révolte. Mahométan, Cophte, Grec, tout ce
qui enfin nous a été attaché, de quelque
nation, de quelque religion qu'il soit, tombe
indistinctement sous les coups d'une multitude effrénée. Le quartier franc, surtout,
devient le théâtre des horreurs les plus
inouïes. Nassif-pacha et Ibrahim-bey s'y
portent à la tête d'une foule innombrable
de révoltés, massacrent impitoyablement tous
les négocians européens qui l'habitent, et
sur leurs corps encore palpitans, on les voit

se partager leurs dépouilles. Quelque malheureux qu'ait été le sort de ces européens,
l'on est cependant moins porté à les plaindre,
lorsqu'on considère qu'ils auraient pu, en
s'armant de courage, se soustraire à la rage
de leurs féroces ennemis. Huit soldats français de la 13.ᵉ demi-brigade leur donnèrent
l'exemple de ce qu'ils auraient dû tenter
dans cette occasion. Placés à la garde de
l'aga de la police, ces soldats apprennent
que le Caire vient d'être livré à toutes les
horreurs d'une révolte. Ils prennent tout à
coup la résolution de se faire jour à travers
la populace, et d'effectuer leur retraite sur
la citadelle du Caire. Aucun des périls qu'ils
doivent rencontrer dans une étendue de plus
d'une lieue de chemin qu'ils ont à parcourir,
ne peuvent étonner leur courage. Résolus
de vaincre ou de périr, ils sortent en bon
ordre de la maison de l'aga. A peine les
voit-on déboucher dans la rue, qu'ils sont
aussitôt assaillis par des nuées de révoltés,
qui viennent à la fois fondre sur eux par

mille endroits différens. Quel prodige ! huit soldats français résistent aux efforts de toute une populace acharnée à leur perte. Ils écartent, à coups de baïonnette, tout ce qui se présente devant eux; chacun de leurs pas est marqué par des flots de sang ennemi; on les voit combattre d'une main et soutenir de l'autre leurs camarades blessés. Sans cesse attaqués, toujours victorieux, ils entrent enfin dans la citadelle, après avoir prouvé par la grandeur de leur courage, de quels efforts sont capables une dixaine d'hommes placés entre l'alternative de la victoire ou de la mort (18).

Boulack (19) n'avait point attendu l'exemple du Caire pour se livrer comme lui à tous les horribles excès dont il venait de se rendre coupable. Plusieurs centaines d'osmanlis, qui s'étaient glissés dans cette ville après la rupture du traité d'El-Arich, avaient porté les habitans à la révolte, en faisant passer dans leur ame toute la rage dont ils étaient animés contre les Français. Lorsque les révoltés du

Caire et de Boulack n'eurent plus personne à égorger dans leurs murs, ils se réunirent en grand nombre et vinrent assiéger la citadelle, le quartier-général et enfin tous les postes qui étaient occupés par des troupes françaises. A chaque instant le péril qui nous environnait devenait de plus en plus menaçant. Les succès mêmes que nous obtenions contre les révoltés, nous étaient plus funestes qu'avantageux. Nos forces diminuaient à vue d'œil, celles de l'ennemi, au contraire, comme les vagues d'une mer battue par la tempête, devenaient toujours plus nombreuses. Notre position, dans cette critique circonstance, pouvait être comparée à celle des Espagnols au milieu de Mexico. Comme eux nous n'étions qu'une poignée d'Européens, et comme eux nous avions à combattre une populace innombrable guidée par le fanatisme de ses prêtres et par la haine qu'elle portait à notre nom.

Le général Kléber, à son campement d'El-Kanka, avait été averti de la révolte du

Caire par des coups de canon qu'il avait entendu tirer de ce côté dans le silence de
la nuit. Il détacha aussitôt deux bataillons
de son armée pour aller soutenir l'état de
nos affaires dans cette ville, jusqu'à ce qu'il
pût lui-même, en venant l'assiéger dans les
formes, faire rentrer les révoltés dans le
devoir. Après la prise de Belbéis, le général
Friant prit aussi la route du Caire, à la tête
d'environ deux demi-brigades. L'arrivée de
ces deux puissans renforts nous fit reprendre
la supériorité sur les révoltés, et d'assiégés
que nous avions été jusqu'alors, nous rendit
nous-mêmes assiégeans. La citadelle du Caire
et tous les forts qui dominent cette vaste
cité, qui en avaient commencé le bombardement dès le premier jour de la révolte,
le redoublèrent alors avec une nouvelle fureur. Tandis que l'on réduisait cette ville en
cendres, nos demi-brigades, en faisant assaut
de courage et d'opiniâtreté avec les révoltés,
cherchèrent à les chasser de tous les postes
qu'ils occupaient. Ni le mal que leur causait

l'effet des bombes, ni nos attaques terribles et souvent répétées, ne purent parvenir à lasser l'obstination des assiégés. Le fanatisme dont ils étaient animés, l'espoir d'être bientôt secourus par l'armée du grand-visir, leur faisaient braver avec intrépidité le choc de ces soldats qu'ils craignaient d'envisager quelques mois auparavant. Ils se retranchèrent dans les quartiers les plus exposés à nos attaques, en barricadèrent les rues et parvinrent par ce moyen à repousser les troupes qui cherchèrent à diverses reprises à pénétrer dans l'enceinte de la ville.

Tel était l'état de nos affaires devant le Caire, lorsque le général Kléber parut sous les murs de cette ville, à la tête d'une colonne de braves, qui ne demandaient qu'à relever par de nouveaux exploits la gloire qu'ils venaient d'acquérir, en rejetant une armée turque hors des limites de l'Égypte. Les premières opérations de ce général tendirent toutes à des vues de conciliation. Il avait d'abord à ménager le sang de ses soldats, dont la perte était irréparable à un si grand éloignement de la métropole; d'ailleurs il lui répugnait d'exposer à toutes les horreurs d'un assaut une des plus grandes et des plus florissantes villes de l'Orient. Toutes ces considérations l'engagèrent à avoir recours de préférence à des voies de douceur pour ramener les révoltés dans le devoir. Il leur fit offrir par un parlementaire une amnistie générale pour prix de leur soumission; et afin que ses propositions fussent acceptées avec un plus grand empressement, il eut soin de faire connaître à tout le Caire, par des émissaires qu'il y fit passer secrètement, la nouvelle de l'expulsion de l'Égypte de l'armée du grand-visir. Toutes ces démarches répondirent à l'effet qu'en avait attendu le général Kléber. La tranquillité parût renaître dans le Caire, et succéder enfin à tant de rage et de fureur. Nassif-pacha et Ibrahim-bey, désespérant d'être secondés désormais par la populace, demandèrent à capituler. On leur permit de sortir de la ville avec armes et bagages, et d'aller rejoindre en Syrie les débris de l'armée du visir.

Déjà tout était ordonné pour la pompe de notre entrée dans la ville du Caire, déjà plus de vingt bouches à feu se préparaient à célébrer ce grand événement, lorsque la perfidie de nos ennemis vint reculer tout à coup cette époque mémorable pour la gloire de nos armes. Les principaux moteurs de la révolte, parmi les habitans, craignant, malgré les promesses de Kléber, de voir peser sur leurs têtes toute la vengeance des vainqueurs, engagèrent à prix d'argent les troupes d'Ibrahim et de Nassif-pacha à refuser de seconder les dispositions pacifiques de leurs chefs. Ces propositions furent reçues avec avidité par des hommes qui, comme les soldats turcs, ne voyent dans le métier de la guerre qu'une occasion toujours nouvelle de s'enrichir de brigandages et de vols; et lorsque nos troupes se présentèrent devant les postes que les Osmanlis devaient évacuer en vertu de la capitulation, non-seulement ils refusèrent de les livrer entre leurs mains, mais ils poussèrent même la trahison jusqu'à faire feu dans leurs rangs. Un instant après un envoyé de Nassif-pacha se rendit chez le général Kléber, et lui annonça que les Osmanlis et les habitans du Caire, par un de ces caprices si ordinaires à des troupes indisciplinées et à des révoltés fanatiques, ne voulaient plus entendre parler de la capitulation qu'il avait conclue en leur nom. Cet envoyé ajouta que les habitans avaient résolu de s'ensevelir sous les ruines de leur ville, plutôt que de la voir retomber sous la domination des infidèles.

Le général Kléber voyant alors qu'il était impossible de ramener par des voies de douceur des hommes qui creusaient eux-mêmes l'abîme qui devait les engloutir, résolut d'employer les moyens les plus violens pour hâter au plutôt le moment de leur perte. Tout lui était désormais permis avec des forcenés qui venaient de provoquer sa vengeance en violant la foi des traités d'une manière aussi indigne. Le bombardement recommença avec encore plus de fureur qu'avant la capitulation, et les dommages qu'il occasionna furent aussi bien plus considérables. Chaque jour des attaques terribles furent dirigées sur plusieurs points du Caire à la fois : partout l'on poursuivait les révoltés le fer et la flamme à la main; la place Esbékieh, incendiée par nos soldats, ne présenta bientôt plus qu'un monceau de cendres et de ruines; divers autres quartiers de la ville subirent aussi ce même sort. Enfin, pour intimider davantage les habitans du Caire et les amener plutôt par là à une nouvelle capitulation, le général Kléber voulut leur faire voir par un exemple à jamais effrayant, jusqu'à quel point une plus longue résistance pourrait faire porter sa vengeance à leur égard. Dans la journée du 25 germinal (15 avril 1800), la ville de Boulack fut attaquée et prise d'assaut par une division de notre armée, aux ordres du général Friant. Nos soldats portant des torches d'une main et leurs armes dans l'autre, se répandirent en

foule dans les rues, et lorsqu'ils furent ras-
sasiés de sang, de viol et de carnage, ils
livrèrent aux flammes cette malheureuse cité.
L'embrasement devint bientôt universel ; et
les tourbillons de fumée qui s'élevaient dans
les airs et que le vent portait sur l'atmosphère du Caire, vinrent annoncer aux habitans de cette capitale, que s'ils refusaient
plus long-temps de nous recevoir dans leurs
murs, tel serait enfin le châtiment de leur
opiniâtre rébellion.

La crainte d'une pareille destinée était bien
propre sans doute à subjuguer le fanatisme
des habitans du Caire, et à les engager à
prévenir par leur soumission la destruction
totale de leur ville. Cependant, malgré l'état
désespéré de leurs affaires, ils refusèrent
encore de recevoir les nouvelles propositions
de paix que leur fit offrir le général Kléber.
Mais deux attaques furieuses que nous fîmes
sur ces entrefaites et dans lesquelles plus de
quatre cents maisons furent incendiées, les
firent enfin consentir à toutes les conditions

qu'il nous plut de leur imposer. Cette seconde
capitulation fut conclue le trente-deuxième
jour de la révolte du Caire, et le vingt-
cinquième du siége de cette ville. Les principaux articles accordaient un pardon général aux habitans du Caire, avec la permission
aux troupes d'Ibrahim et de Nassif-pacha, de
sortir de la ville avec armes et bagages, et
de se retirer sur les terres de la domination
ottomane.

Dès que les articles de cette seconde capitulation eurent été ratifiés par le général
Kléber et par Nassif-pacha, des ôtages furent
délivrés de part et d'autre, pour en garantir
plus strictement l'exécution. Ceux de Nassif-
pacha furent traités avec tous ces égards que
prodiguent à leurs ennemis dans de semblables rencontres, les nations policées de
l'Europe. Les nôtres, au contraire, man-
quèrent de devenir victimes de la fureur
des habitans du Caire, qui se ralluma toute
entière à la vue de ces Français que l'on
conduisait au milieu d'eux. A l'aspect du

tumulte qu'occasionnait leur présence, Elphi-
bey, à la garde duquel ils étaient confiés, les
fit entrer précipitamment dans la mosquée la
plus voisine, en défendit l'approche lui et
ses mameloucks contre les efforts réunis de
toute la populace, et par cet acte de valeur
et de générosité, il empêcha les habitans du
Caire de se souiller d'un crime qui, en poussant à bout notre modération, aurait enfin
attiré sur leur ville tous les malheurs de
Boulack.

Le 5 floréal (25 avril 1800), jour fixé
pour l'évacuation du Caire, les Turcs et les
mameloucks commencèrent de grand matin
à sortir des portes de cette ville. A midi,
ils étaient tous rassemblés en avant de la
Coubeh. On échangea alors les ôtages; après
quoi ils se mirent en route, au nombre d'environ quatre mille hommes. Tout le reste
avait été tué pendant le siége, ou bien était
resté blessé dans les hôpitaux de la ville. Le
général Régnier, à la tête d'une partie de
sa division, alla escorter jusqu'au fort de

Salahieh, la garnison turque du Caire. Elle traversa ensuite les déserts qui séparent l'Afrique de l'Asie, et alla rejoindre à Jaffa les débris de l'armée du grand-visir.

La soumission du Caire rendit la paix à l'Égypte. Pendant le siége de cette ville, nous étions rentrés en possession de toutes les provinces où l'ennemi s'était établi, en suite de l'exécution du traité d'El-Arich. Le général Belliard, chargé de la réduction de la Basse-Égypte, avait battu douze mille Turcs auprès du village de Chouara. Il reprit ensuite, de vive force, la ville de Damiette et le fort de Lesbeh, et dissipa deux séditions, qui, à l'exemple du Caire, s'étaient manifestées dans les villes de Tanta et de Me-halleh-el-Kibir. Sa présence suffit partout ailleurs, pour tout remettre au pouvoir de nos armes. La Haute-Égypte fut reconquise sans coup férir. Dervich-pacha, commandait dans cette province les troupes ottomanes. En apprenant la rupture du traité d'El-Arich, il fit un appel aux habitans de la Haute-

Égypte, et en rassembla environ dix mille autour de sa personne. A la tête de ces forces, il fit mine de vouloir s'avancer pour secourir le Caire. Mais au premier bruit de l'entrée d'un corps de troupes françaises dans la Haute-Égypte, tout son courage l'abandonna; et, délaissé de la plus grande partie de ses troupes, il ne vit d'autres ressources devant lui, que de se retirer à Cosséir et de s'y embarquer pour l'Arabie. Enfin, pour achever le cours de tous ces triomphes que nous obtenions dans toute l'Égypte, sur nos ennemis, et en rendre le dénouement plus complet, ce fut à cette même époque que le général Kléber conclut avec Morab-bey ce traité de paix dont il a été parlé dans le deuxième livre de cet ouvrage, et qui nous délivra du seul ennemi, qui, après la retraite de l'armée turque, pouvait encore nous donner quelque inquiétude dans le pays. C'est ainsi qu'après avoir été sur le point d'abandonner l'Égypte, nous dûmes à l'événement même qui semblait devoir y

15 *

causer notre ruine, la gloire d'y relever notre puissance sur des bases encore plus solides que celles sur lesquelles elle reposait, avant la conclusion du traité d'El-Arich.

Cependant dès l'instant des révoltes du Caire et de Boulack, le général Kléber avait vu dans cet événement un moyen certain de se délivrer pour toujours des soucis que lui avait causé, dans les premiers temps où il avait été élevé au commandement en chef de l'armée, l'impuissance où il s'était trouvé de payer à ses soldats les sommes énormes qui leur étaient dues. En promettant aux habitans du Caire de ne point répandre du sang, il ne s'était point engagé par là à laisser impunie de toute manière leur rébellion; et ceux-ci, qui s'attendaient, malgré toutes nos promesses, à se voir bientôt en butte à la plus terrible des vengeances, s'estimèrent fort heureux lorsqu'ils surent qu'on n'attenterait point à leur vie, et qu'on se contenterait seulement d'attaquer leur fortune. Ils regardèrent comme très-douce une ven-

geance de cette nature, lorsqu'ils la com-
paraient surtout à ces exécutions sanglantes
qui, parmi les peuples orientaux, sont la
suite ordinaire des dissensions civiles. Le
général Kléber résolut de proportionner la
punition pécuniaire qu'il comptait infliger
aux villes du Caire et de Boulack, aux besoins pressans de son armée. En suite de
l'aperçu que l'on en fit, ces deux villes coupables furent imposées à douze millions de
contributions. La rentrée de cette somme,
que l'on pressa avec la plus grande activité,
jointe à celle que rapportait le miri (20) qui
se percevait dans ce moment dans toutes
les provinces de l'Égypte, permit au général
Kléber, non-seulement de mettre ses soldats
au courant de ce qui leur était dû pour
leur solde, mais de s'occuper encore de tout
ce qui pouvait contribuer à l'amélioration
de leur sort. L'armée vit avec reconnaissance
cette main secourable qui s'étendait sur ses
besoins, et revenue depuis long-temps de
son égarement, elle regarda cette époque de

sa félicité, comme une nouvelle occasion d'aimer et de chérir davantage un général qui semblait né point avoir de plus grand objet en vue, que celui de faire son bonheur.

La marche rapide des événemens, depuis les premiers temps du commandement de Kléber jusqu'à l'époque où je viens d'arriver, a concentré toute mon attention sur un seul et même objet. Je sors maintenant du récit de ces détails politiques, pour porter ailleurs mes regards. Dans notre expédition contre le grand-visir, nous avions parcouru des pays que nous avions peu visités encore depuis notre entrée en Égypte. Les campagnes de la Basse-Égypte situées sur la rive droite du Nil, avaient été témoins de la dispersion des troupes ottomanes et du triomphe de nos armes. Cette partie de l'Égypte, que nous venions de traverser, à la suite de l'armée du visir, ne rappelle point des souvenirs aussi brillans, comme ceux que réveillent les provinces de la rive gauche du Nil et de la Haute-Égypte. Jamais elle ne vit fleurir dans son sein, ni une Alexandrie, ni une ville de Thèbes. Cependant si elle n'a point à citer d'aussi grands noms, elle ne laisse pas sous d'autres rapports que de répondre avantageusement à l'ancienne réputation du pays auquel elle appartient. Elle renferme des provinces, qui par la richesse de leur territoire, rappellent l'antique fertilité d'une terre, qui fut nommée le grenier de l'empire romain. Au nombre de ces provinces, l'on remarque d'abord celle du Scharkieh. L'Égypte n'en compte guères de plus belles ni de plus fertiles. Elle produit en abondance du maïs, du blé, des cannes à sucre, de l'indigo, des datiers et enfin toute sorte de légumes. L'on y voit d'immenses pâturages couverts de toute espèce de bestiaux. Elle est traversée dans toutes ses parties par des canaux d'irrigation, qui dans le temps de l'inondation du Nil, reçoivent le superflu des eaux de ce fleuve, et le versent ensuite sur les campagnes qui bordent leurs rivages. Mais tel est l'effet malheureux du gouvernement actuel de l'Égypte, que la beauté de cette province, en excitant davantage la cupidité des oppresseurs de ce pays, en condamne les habitans à une plus affreuse misère. Ces plaines verdoyantes et fertiles, et si richement parées de tous les dons de la nature, ne contiennent qu'une population misérable, et en proie à tous les maux de la plus horrible indigence.

La province du Scharkieh a pour capitale la ville de Belbéis. Cette ville, une des plus mal bâties et des plus détestables de l'Égypte, ne doit guères son existence qu'au passage des caravanes qui sortent de l'Afrique pour pénétrer en Asie. La principale de ces caravanes, est celle qui conduit les pélerins à la Mecque. On trouve dans les déserts qui avoisinent la ville de Belbéis, une infinité de ces cailloux connus par les naturalistes sous le nom de pierres herborisées. Ces pierres n'ont rien extérieurement qui puisse faire soupçonner les beautés qu'elles cachent sous leur grossière enveloppe. Leur écorce est aussi brute que celle des cailloux ordinaires. L'on est obligé de les casser pour en connaître le prix. Les unes représentent des paysages et des points de vue très-pittoresques; les autres des figures d'hommes ou d'animaux; toutes, enfin, ont un rapprochement quelconque avec les objets que la nature offre journellement à nos regards. On trouve aussi de ces pierres herborisées dans les déserts du Caire et de Suez; mais elles ne sont pas d'une beauté aussi rare, que celles qui se ramassent dans les environs de Belbéis.

Les ruines de Bubaste sont situées à quatre ou cinq lieues de Belbéis. On croyait assez généralement avant notre arrivée en Égypte, que cette dernière ville était bâtie sur l'emplacement de celle de Bubaste; mais les observations faites pendant un séjour de trois ans que nous avons fait dans ce pays, nous ont mis à même de revenir de cette erreur. C'était dans la ville de Bubaste que l'on ensevelissait avec grande pompe tous les chats sacrés de l'antique Égypte; et la superstition des Égyptiens allait si loin sur cet objet, qu'au retour de leurs expéditions lointaines, on les voyait rentrer en Égypte avec une quantité étonnante de corps morts de ces animaux, auxquels ils rendaient les honneurs de la sépulture dans les tombeaux sacrés de Bubaste. Au reste, la ville de Bubaste n'était point la seule de l'ancienne Égypte, où la raison humaine fût ainsi dégradée par la grossièreté du culte que l'on y professait. Tout le monde sait que ce pays, dont le nom est parvenu jusqu'à nous avec une si grande célébrité, n'était pas moins connu par la beauté de ses monumens et la sagesse de ses lois, que par la turpitude de ses dieux. La fumée des sacrifices ne s'y élevait presque partout que pour des animaux. L'espèce de ces divinités était pour ainsi dire aussi variée qu'il y avait de villes dans l'Égypte. Cette diversité de culte était un sujet continuel de discordes pour les anciens

Égyptiens. L'intérêt des peuples est tellement séparé dans les états despotiques de
l'intérêt du souverain , que ce qui faisait le
malheur des habitans de l'Égypte, tournait
à l'avantage des rois qui gouvernaient ce
pays. Diodore de Sicile et d'autres historiens
de l'antiquité , nous apprennent qu'il entrait
dans la politique des souverains de l'Égypte,
de diviser leurs sujets par des guerres de
religion , afin de les empêcher par là de
porter leurs regards sur les opérations du
gouvernement.

A deux journées de Belbéis, en se dirigeant vers la Syrie , se trouve le fort de
Salahieh. Saladin avait fondé une ville dans
cette partie de son empire , dont il ne reste
maintenant pour vestige qu'une seule mosquée , car les deux forts que l'on y voit ,
sont de nouvelle construction et ont été
élevés par les Français. La ville de Salahieh
a sans doute été détruite à l'époque où
Selim I.er s'empara de l'Égypte. Cet empereur des Turcs, après la conquête qu'il fit de

ce pays, ne pouvant y laisser qu'un petit nombre de troupes, et craignant les révoltes d'une milice qui n'était point entièrement exterminée, s'attacha à détruire toutes les places fortes qui pouvaient servir de retraite aux mameloucks. La ville de Salahieh dut entrer la première dans ce plan , comme étant une des clefs de l'Égypte, et la plus propre à arrêter la marche des armées ottomanes, dans le cas où un parti ennemi de la Porte viendrait à s'en emparer. Saladin avait fondé cette ville pour servir de rempart à ses états du côté de la Syrie ; mais la Porte n'avait pas les mêmes raisons de la conserver , puisqu'elle comptait cette contrée au nombre de ses vastes domaines.

La province du Scharkieh prend son nom d'un terme arabe, qui signifie province de l'est. Elle comprend en effet presque toute cette étendue de pays dans la Basse-Égypte, qui est située à l'orient du Nil et qui s'étend depuis la pointe septentrionale de la Mer rouge jusqu'aux bords de la Méditerranée.

Après la province du Scharkieh , on trouve
encore dans cette partie de l'Égypte dont
je m'occupe maintenant, les provinces de
Suez et de Damiette. La ville de Suez, qui
est la capitale de la première de ces provinces, n'est plus cette même cité que le
commerce des Vénitiens dans les Indes, dont
elle avait été l'entrepôt, fit fleurir dans le
moyen âge de l'Égypte. Réduite pour ainsi
dire maintenant à ses seules ressources, elle
n'est guères plus connue en Europe, que
parce qu'elle donne son nom à l'isthme qui
joint l'Afrique à l'Asie. La ville de Damiette
est encore loin d'avoir dégénéré à ce point.
Quoique privée depuis long-temps, par l'éloignement des eaux de la Méditerranée , du
port de mer qu'elle possédait dans son
enceinte , elle ne laisse pas cependant d'être
toujours une des villes les plus florissantes
de l'Égypte , avantage qu'elle doit à sa position auprès de l'embouchure de la branche
orientale du Nil , ce qui la rend le centre
d'un commerce assez considérable entre
l'Égypte et la Syrie.

La proximité des lieux me conduit à parler du Delta, province de l'Égypte sur laquelle je n'ai point encore eu occasion de m'arrêter, et qui, par la beauté de ses campagnes, mérite peut-être plus que toute autre d'occuper l'attention du voyageur. Ce pays, qui dans la marche lente des siècles, a été formé progressivement par les alluvions du Nil, est situé à peu près au milieu de la Basse-Égypte, et s'étend sur un espace de trente-huit lieues de longueur sur environ vingt-sept dans sa plus grande largeur. Sa forme triangulaire lui a fait donner, dans l'antiquité, le nom de la lettre grecque, sous lequel il continue à être connu parmi nous. Dans les temps anciens comme à présent, il a toujours été considéré comme le jardin de l'Égypte, et il est en effet la partie la plus riche, comme la plus belle de ce pays. On voit, à la vérité, dans d'autres provinces de l'Égypte des campagnes aussi fertiles que dans le Delta; la terre y déploie comme là et avec une égale profusion ses productions les plus précieuses; mais si dans ces endroits la vue s'arrête avec complaisance sur ces vastes plaines de verdure qui étalent si pompeusement leurs richesses, elle ne peut s'empêcher aussi de considérer avec une morne tristesse cette immense étendue de sable, qui borde dans ses deux extrémités, ce magnifique tableau. Une scène pareille est inconnue dans le Delta. Ses campagnes, généralement fertiles, ne présentent de tous côtés qu'une longue continuité de verdure, qu'aucun obstacle ne vient interrompre, et au milieu de laquelle la nature ou la main de l'homme, ont jeté de distance en distance des bosquets de citronniers et d'orangers qui embaument l'air de leurs parfums et répandent sur ces plaines la plus belle variété.

Les villes que renferme le Delta, sont celles de Menouf, de Foua, de Métubis, de Desouck, de Salmie et un grand nombre d'autres encore qu'il serait trop long de vouloir citer ici. Ces villes ne présentent rien de remarquable par elles-mêmes ; mais

elles sont généralement assises dans des posi-
tions charmantes, et entourées de campagnes
toutes plus fertiles les unes que les autres.
La ville de Rosette pourrait aussi appartenir
au Delta par la beauté de ses environs. Elle
n'en est séparée que par la branche du
Nil qui borne cette province dans sa partie
occidentale et sur les bords de laquelle elle
est bâtie. Elle est située au milieu d'une
campagne délicieuse, et ce qui surtout doit
paraître extraordinaire dans un pays semblable à l'Égypte actuelle, c'est que l'intérieur de la ville répond au charme d'une
pareille position. Ses maisons sont généralement bien bâties ; ses rues sont propres et
bien distribuées ; les quartiers surtout qui
donnent sur le Nil, sont des plus agréables
que l'on puisse voir, et jouissent, dans toute
sa beauté, de la superbe vue que leur présente le Delta. La construction de Rosette
date d'une époque assez moderne. Elle a
été fondée sous un des princes qui ont régné
en Égypte au temps de la dynastie des Fati-

mites. Cette ville paraît avoir été originaire-
ment bâtie près des rivages de la mer ; mais
ainsi qu'à Damiette, l'allongement progressif
des côtes de l'Égypte, la laisse située de nos
jours assez avant dans les terres.

Je reprends la suite du récit des événemens
politiques qui se sont succédés en Égypte.
Le gouvernement français, en envoyant une
armée dans l'Orient, s'était proposé de remplir
deux objets à la fois. Le premier, qui était
en même temps le principal but de l'expédition, avait été, ainsi qu'on a pu le voir
dans le commencement de cet ouvrage, de
venger la France des outrages fréquens
qu'elle avait reçus des beys de l'Égypte, et de
tarir la source des richesses de l'Angleterre,
en détruisant son commerce dans les Indes
orientales. Le second objet n'était qu'acces-
soire à celui-ci, et avait eu pour motif de
connaître particulièrement tout ce qui concerne un pays, qui a jeté pendant si long-
temps un si grand éclat dans le monde. C'est
dans cette intention qu'on avait amené des

commissions d'hommes de lettres à la suite de l'armée. On a vu de quelle manière le général Bonaparte avait presqu'entièrement rempli le premier de ces deux objets. La destruction totale de la puissance des beys en Égypte, avait été la punition des insultes que la France avait à leur reprocher ; et sans la perte de la bataille navale d'Aboukir, qui en donnant aux Anglais l'empire de la Méditerranée, nous priva des secours puissans qu'aurait pu nous envoyer notre patrie, on nous aurait vu porter nos pas, à l'exemple d'Alexandre-le-Grand, sur les bords éloignés de l'Indus et du Gange.

Le second objet de l'expédition d'Égypte, ne put être entièrement rempli que sous le commandement de Kléber. Déjà, bien avant le départ de Bonaparte pour la France, les commissions d'hommes de lettres qui nous avaient suivies en Égypte, avaient été dispersées par ses ordres dans toutes les parties de ce pays. Mais les travaux immenses qui leur étaient confiés, ne purent être terminés

qu'à peu près vers la conclusion du traité d'El-
Arich. Parmi les membres de ces commissions,
les uns devaient aller camper sur les ruines de
Thèbes, de Tentyra, et chercher à démêler
l'histoire et les mœurs des anciens Égyptiens,
dans les débris des monumens qui couvrent
depuis si long-temps ces plaines à jamais
célèbres; les autres étaient chargés de parcourir dans toute leur étendue les provinces
de la Haute et de la Basse-Égypte, afin de
lever avec exactitude la géographie de ces
contrées; ceux-ci devaient aller résoudre sur
les lieux le problème de l'existence d'un des
plus mémorables travaux qu'on dit avoir été
entrepris parmi les hommes, celui de la
jonction de la Mer rouge à la Méditerranée
par un canal de communication qui réunissait les deux mers par l'intermédiaire du Nil;
ceux-là enfin devaient s'adonner à d'autres
occupations non moins utiles et qui avaient
pour objet l'agriculture et l'histoire naturelle
du pays. Cette partie du projet de l'expédition
d'Égypte, est une des plus belles conceptions

qu'aucun gouvernement ait jamais pu enfan-
ter. Quelle idée plus grande et plus sublime,
que celle de racheter les maux de la guerre
par des découvertes en tout genre dans les
sciences et les arts ! La France jouit maintenant des brillans résultats de cette noble
entreprise. Au retour de l'armée française
dans sa patrie, les observations de ces hommes
de lettres ont été réunies en un corps d'ouvrage, qui a été reçu avec une vive admiration dans tout le monde littéraire, et qui
forme en effet le plus beau document que
l'on puisse avoir sur un pays, d'autant plus
digne d'attacher nos regards, qu'il a été la
source d'où sont sorties toutes les lumières
qui ont éclairé la Grèce et tout le reste de
l'Europe.

Je touche à une époque bien douloureuse
pour tous les soldats français qui ont servi
en Égypte : je veux parler de la fin funeste
de l'infortuné Kléber. Ce général, après avoir
triomphé si heureusement de cette foule
d'obstacles qu'il avait rencontrés sur ses pas

dans le commandement en chef de l'armée,
n'était plus occupé qu'à faire fleurir la tranquillité qu'il avait procurée à l'Égypte, lorsque le fer d'un assasin vint terminer tout
à coup sa glorieuse carrière et l'arracher
à des soldats dont il était le père et à une
population dont il songeait à faire le bonheur. Il convient d'entrer dans tous les détails
qui peuvent éclairer l'opinion sur un événement aussi désastreux.

Le grand-visir, furieux de n'avoir rapporté
qu'une honte éternelle de son expédition contre l'Égypte, avait résolu de s'en venger à quelque prix que ce fût. Tous ceux qui connaissent
les mœurs des orientaux, savent assez que les
crimes les plus affreux, forment une partie
de la cruelle politique de ces peuples. C'était
une vengeance de cette nature que méditait
le grand-visir. Son intention était de faire
tomber sous les coups d'un assassin, un général
dont l'existence lui rappelait à chaque instant l'ignominie de sa défaite. Après avoir
conçu l'idée d'un si horrible dessein, il jeta

les yeux pour l'exécuter sur un officier de son armée, nommé Ahmet-aga, qu'il avait disgracié et qui était retiré à Jérusalem. Au retour de sa faveur, fut attaché l'assassinat de Kléber. Celui-ci n'hésita point à se charger d'un projet qui devait le rapprocher de la personne de son maître, et il songea de suite à trouver les moyens de le mettre à exécution. Tandis qu'il cherchait à y parvenir, le hazard vint lui en offrir un qui le servit au-delà de ses espérances. A cette époque, un jeune homme d'Alep appelé Soleyman, qu'un motif de pélerinage avait conduit à Jérusalem, se présenta chez Ahmet-aga, pour implorer sa protection. Il demandait à soustraire son père à des vexations de toute espèce, qu'Ibrahim-pacha, gouverneur d'Alep, lui faisait éprouver chaque jour. Ce jeune homme était doué d'une imagination extraordinairement exaltée ; il poussait le fanatisme pour la religion musulmane, jusqu'à croire que le meurtre d'un chrétien, était le sacrifice le plus agréable qu'on pût offrir au dieu de Mahomet. Dans plusieurs conférences qu'ils eurent ensemble., Ahmet-aga ne tarda point à démêler le caractère de Soleyman. Il loua les sentimens religieux qu'il apercevait en lui, et lui ayant fait part des projets du visir, il lui promit non-seulement d'accorder sa protection à son père auprès du pacha d'Alep, mais encore des récompenses considérables pour lui-même, s'il voulait partir sur l'heure pour l'Égypte, et délivrer la Porte et la religion musulmane de leur plus terrible ennemi, en plongeant un poignard dans le sein du général en chef d'une armée d'infidèles.

Soleyman - el - Haleby (21), bien moins flatté de la grandeur des récompenses qui lui étaient promises, que du choix qu'on faisait de lui pour le rendre l'instrument de la vengeance divine, n'hésita pas un seul instant à se rendre aux désirs du monstre qui le poussait à une action aussi atroce. Il partit sur-le-champ de Jérusalem et se rendit à Gaza; là, il reçut de l'argent et de nouvelles instructions du gouverneur de cette ville, à qui Ahmet-aga avait confié le secret du voyage de Soleyman. S'étant ensuite muni d'un poignard, il prit la route du Caire avec toute l'ardeur d'un fanatique qui croit qu'une impulsion divine lui commande le meurtre et l'assassinat. C'est ainsi qu'un zèle de religion mal entendu a toujours conduit les hommes aux plus horribles forfaits ; c'est ainsi que les Clément et les Ravaillac croyaient que leurs bras parricides étaient mus par la divinité même.

A son arrivée au Caire, Soleyman-el-Haleby n'y trouva point le général Kléber. Depuis environ vingt jours ce général avait abandonné le séjour de cette capitale. Les attaques des révoltés, après la bataille d'Héliopolis, ayant presqu'entièrement détruit la maison qu'il occupait, il avait été attendre à Gizeh que les réparations qu'il y faisait faire fussent terminées. Soleyman - el - Haleby, croyant trouver plus de facilité pour venir à bout de son crime dans le tumulte et les embarras d'une grande ville, résolut d'en

différer l'exécution jusqu'au retour du général Kléber au Caire, et en attendant sa
venue, pour entretenir davantage l'ardent
fanatisme qui le dévorait, il alla fixer sa
demeure dans la mosquée de Gamé-el-Azhar.
Il instruisit du motif qui l'avait conduit en
Égypte, les quatre scheiks de cette mosquée.
Ceux-ci se refusèrent à partager les dangers
de son entreprise. Ils cherchèrent même à
l'en détourner, en lui faisant envisager tous
les dangers dont elle était environnée ; mais
ils bornèrent là leurs efforts, pour empêcher
qu'elle ne fût exécutée. Ils ne prévinrent
point le général Kléber du péril qui menaçait ses jours, et croyant avoir assez fait
de ne pas se joindre à son assassin, ils atten-
dirent d'un œil coupable quel allait être le
résultat de ses tentatives.

Pendant un mois entier, Soleyman - el -
Haleby attendit impatiemment le général
Kléber dans la ville du Caire. Désespérant
enfin de le voir revenir dans cette capitale,
il prit le parti d'aller le chercher à Gizeh.

Le lendemain de son arrivée dans cette ville, le général Kléber en partit et s'en vint déjeûner dans son quartier-général du Caire. A l'issue de son repas, il se sépara de la suite qui l'accompagnait, et fut se promener seul sur la terrasse de son jardin. Il y trouva l'architecte Protin qui dirigeait les réparations de sa maison. Il causa quelques instans avec lui et le quitta bientôt après pour continuer sa promenade. Sur ces entrefaites, un homme déguenillé s'approche du général Kléber et demande à lui baiser la main. Cet homme était Soleyman-el-Haleby : ce scélérat, pendant toute la matinée, avait été constamment attaché aux pas du général Kléber. Repoussé plusieurs fois par ses gardes, il n'en avait montré que plus d'acharnement à poursuivre toujours sa victime; ayant enfin échappé à tous les regards, il était parvenu à se cacher dans le jardin du quartier-général.

A l'approche de ce misérable, le général Kléber, croyant que c'était un Égyptien qui

venait lui demander quelque grâce , ne fit
aucune difficulté de lui tendre la main. Soleyman-el-Haleby se hâta de profiter d'un
moment aussi favorable à l'exécution de son
crime , et s'emparant avec force de cette
main qu'on lui donnait avec bonté, il sortit
tout à coup son poignard qu'il avait caché
sous sa robe, et en frappa le général Kléber
par trois fois dans le ventre. Aux cris que
poussa ce général, l'architecte Protin accourut à son secours, et quoique dépourvu de
toute espèce d'armes, il s'élança sur l'assassin
avec le plus grand courage. Mais il ne tarda
point à succomber dans une lutte aussi iné-
gale, et victime de son généreux dévouement,
il tomba lui-même percé de six coups de poignard (22). Soleyman-el-Haleby revint ensuite sur le général Kléber qui ne respirait
déjà plus, et le frappa de plusieurs autres
coups, pour être mieux certain de ne pas
le quitter sans lui avoir arraché la vie. Après
avoir commis ces deux assassinats, il sauta de
la terrasse dans le jardin, et courut se cacher

sous des débris de murailles qui se trouvaient dans son enceinte.

Ce fut le 25 prairial (14 juin 1800) qu'arriva cet horrible événement. Le même jour la bataille de Marengo se donna en Italie; et le général Desaix, en chargeant pour la troisième fois les bataillons ennemis à la tête de sa division, fut atteint d'un coup mortel au moment où cette troisième charge décidait la victoire en faveur de l'armée française. Ainsi, par une fatalité singulière, ces deux grands hommes dont la réputation militaire était à peu près égale, virent finir leur destinée, l'un en Afrique, l'autre en Europe, le même jour et presqu'à la même heure.

Le crime de Soleyman-el-Haleby ne demeura pas long-temps sans vengeance. Aux premiers cris de l'assassinat de Kléber, ce scélérat devint l'objet des recherches d'une foule empressée de venger la mort de son général. On l'arracha avec fureur de la retraite où il s'était réfugié, et dans laquelle il attendait sans doute que l'obscurité de la nuit pût lui permettre de se dérober par une prompte fuite à la vengeance de l'armée. Les premières personnes qui parvinrent à le découvrir dans cette retraite, ne pouvant maîtriser leur indignation et la vive douleur dont elles étaient pénétrées, le blessèrent de plusieurs coups de sabre ; et on le traîna ainsi mutilé devant la commission militaire qui fut formée à l'instant pour connaître les causes qui avaient pu l'engager à commettre un attentat aussi énorme, et pour le condamner au supplice que méritait son forfait.

Soleyman-el-Haleby fit paraître le courage du fanatique le plus forcené devant cette commission militaire qui était chargée de l'instruction de son procès. Il répondit sans trouble comme sans remords à toutes les questions qui lui furent faites. Il entra avec tranquillité dans tous les détails qu'on lui demanda sur son crime, détails qui nous apprirent alors ce que je viens d'exposer tout à l'heure à l'attention du lecteur, c'est-à-dire que le ministre suprême de l'empire ottoman n'avait point craint d'ajouter toute l'horreur d'un assassinat à la honte que sa défaite avait déjà imprimée sur son nom. En se rendant l'exécuteur d'une trame aussi odieuse, Soleyman-el-Haleby paraissait persuadé d'avoir gagné le paradis, puisqu'il était parvenu, disait-il, à immoler un des principaux ennemis de la religion musulmane. Il appelait même, combat sacré, l'action infâme qu'il venait de commettre. Lorsque les juges qui composaient la commission militaire n'eurent plus rien à tirer de ce misérable, ils le condamnèrent à être empalé et à mourir sur le pal. Les scheiks de la mosquée de Gamé-el-Azhar, qui s'étaient rendus complices de son crime, puisqu'ils ne l'avaient point révélé, furent condamnés de leur côté à être décapités (23).

Le courage de Soleyman-el-Haleby ne l'abandonna point au moment où on le conduisit à la mort. L'armée française, qui était en garnison dans la ville du Caire, et toute la population de cette immense capitale de l'Égypte, assistèrent au supplice de ce scélérat et à celui de ses complices. Les scheiks de la mosquée de Gamé-el-Azhar furent exécutés avant lui. En le rendant témoin de leurs souffrances, on voulut augmenter l'horreur de celles qui lui étaient préparées. Ces diverses exécutions ne parurent point ébranler la fermeté de son ame. Les regards fixés vers le ciel, il voyait tout avec indifférence. Ce courage étonnant, ce fanatisme inconcevable, l'accompagnèrent même au milieu des horreurs de son trépas. Dans ce moment affreux, les paroles qu'il prononçait semblaient insulter ses bourreaux. Enfin, après six heures des souffrances les plus effroyables, il expira en laissant les témoins de sa mort aussi étonnés de l'attentat qu'il avait osé commettre, que du courage qu'il venait de montrer au milieu des tourmens qui en avaient été l'expiation. Son corps, ainsi que les têtes des scheiks, furent laissés sur des perches dans le lieu où ils avaient été exécutés, afin que cette vue, en frappant de terreur tous les Égyptiens qui passeraient auprès, leur ôtât pour jamais l'envie de vouloir s'exposer à un pareil supplice.

Après l'exécution de Soleyman-el-Haleby et de ses complices, l'armée se déploya en colonne et marcha sur la ferme d'Ibrahim-bey. C'était dans ce lieu qu'on devait inhumer les restes de l'infortuné Kléber. Le sarcophage où se trouvait son corps, traîné par six chevaux caparaçonnés de noir et entouré par tous les généraux, ouvrait la marche de l'armée. Elle suivait dans le plus grand silence ce char funèbre qui portait l'objet de toutes ses affections. Tous les soldats étaient plongés dans un profond recueillement. Des larmes coulaient de presque tous leurs yeux. Le son lugubre des tambours recouverts de crêpe noir, leur rappelait à chaque instant la perte irréparable qu'ils venaient de faire. La musique des demi-brigades se mêlait de temps en temps à ce concert funèbre et frappait l'air par intervalle, de ses sons tristes et plaintifs. Le

convoi arriva à la ferme d'Ibrahim - bey ,
toujours pénétré de ces sentimens de douleur, que servait à entretenir dans tous les
cœurs la vue de tous les objets qui les
environnaient. Le tombeau du général Kléber était déjà préparé. On l'avait entouré de
cyprès, image de la tristesse et du deuil de
l'armée. Le corps du général Kléber fut dé-
posé dans ce tombeau, et avec lui le bonheur
qui avait présidé à toutes nos entreprises.
Après toutes les cérémonies militaires en
usage dans de pareilles circonstances, l'armée
se retira de ce lieu de douleur et rentra dans
la ville du Caire.

Telle est la manière déplorable dont la
carrière du général Kléber fut terminée en
Égypte. Le ressentiment de cette grande perte
ne s'étendit pas seulement à l'armée ; la
France entière regretta en lui un des plus
fameux capitaines qu'elle ait jamais vu naître
dans son sein. L'Égypte n'a pas été le seul
pays qui ait été rempli des monumens de la
gloire de ce général ; ses brillantes campa-

gnes en Allemagne et en Syrie, avaient déjà depuis long-temps immortalisé sa mémoire. Mais ses talens militaires ne se déployèrent jamais avec plus d'éclat, qu'au moment où la perfidie des Anglais, vint s'opposer à l'exécution d'un traité dont ils avaient été eux-mêmes les médiateurs. Quoique l'armée française qu'il commandait dans cette occasion n'atteignît pas le nombre de dix mille hommes, quoique la plupart des villes de l'Égypte fussent au pouvoir de nos ennemis, quoique l'immense population du Caire n'attendît que le signal des combats pour se révolter contre nous, quoiqu'enfin tout espoir de retraite nous fût interdit, cependant le général Kléber, dans l'espace d'un mois, sût vaincre tous ces obstacles et reconquérir un pays qui semblait devoir nous servir de tombeau. C'est au milieu des douceurs de la paix qu'il avait procurée à l'Égypte, c'est au moment qu'il venait de mettre le comble à sa réputation militaire, que le fer d'un assassin vint l'enlever aux éloges de son armée et aux récompenses nationales que lui promettaient ses victoires. Cependant sa grande ame se serait aisément consolée de n'avoir pu recueillir le fruit de ses triomphes, si elle avait pu considérer les regrets qui suivirent sa perte et les honneurs que l'on rendit à sa mémoire. Ses funérailles eurent pour témoins les troupes qui composaient la garnison du Caire, pour oraison funèbre les pleurs de toute l'armée.

FIN DU LIVRE TROISIÈME.

17*

LIVRE QUATRIÈME.

Cependant aussitôt après la mort de Kléber, les généraux s'étaient assemblés en conseil de guerre pour lui donner un successeur. Le général Menou avait été nommé pour le remplacer. C'était le plus ancien en grade de tous les généraux français qui fussent en Égypte et suivant la hiérarchie militaire, le commandement provisoire de l'armée lui revenait de droit.

Jusqu'alors tous les généraux qui avaient commandé l'armée française d'Égypte, avaient été entourés de l'éclat de la plus haute réputation. C'est ici le terme de cette succession de grands hommes, aussi bien que de notre gloire. Vieilli dans le métier des armes, le général Menou devait bien plutôt son avancement, à l'ancienneté de ses services, qu'à ses connaissances militaires. Dans une guerre aussi fertile en grands événemens, que celle qui suivit en Europe le renversement de la monarchie française, il ne s'était jamais fait connaître par aucune action éclatante. Ce n'est point cependant qu'il dût à un défaut de courage cette obscurité de sa vie; mais ses manières lentes et beaucoup trop réfléchies, s'accordaient mal avec cette activité d'ame et cette rapidité d'exécution, qualités si nécessaires dans le service des armes. Porté par des habitudes sédentaires vers les opérations administratives, le général Menou s'en occupait avec beaucoup plus de succès; mais encore dans cette carrière où l'entraînaient ses penchans et ses goûts, il était loin de posséder cette aménité de caractère, qui sait venir à bout des difficultés, en les aplanissant par la douceur. D'une humeur violente et emportée, il s'aigrissait devant les moindres obstacles qui lui étaient présentés, et il ne savait repousser les contrariétés qu'on lui opposait, qu'en voulant tout obtenir par la force d'un tempérament irascible et par ce ton

altier et impérieux, qu'on peut bien s'accoutumer à regarder comme effervescence d'ame
dans un grand homme, mais qu'on ne considère guères que comme humeur chagrine
dans un homme ordinaire. En un mot bon administrateur et mauvais guerrier, le général
Menou aurait pu gouverner l'Égypte avec
fruit dans un temps de tranquillité et de
calme. Mais dans la situation où se trouvait
l'armée , il lui manquait' pour réussir
auprès d'elle, le plus beau titre qu'il eût pu
faire valoir , en se plaçant à la tête des
affaires, celui d'être digne par ses actions de
commander à des soldats qui n'avaient jamais
dévié du chemin de la victoire.

Les premières opérations du général
Menou , ne furent point dictées par cet esprit
de conciliation et de douceur , qui lui eût
été si nécessaire dans les premiers momens
de son administration. N'apportant au gouvernement de l'Égypte qu'un nom encore ignoré,
il aurait dû par des manières douces et pleines
de ménagement et d'estime, s'attacher les

généraux les plus recommandables de l'armée,
qui ne pouvaient le voir qu'avec envie occuper
une place, qui leur appartenait à bien plus
juste titre qu'à lui. Il ne lui était pas moins
important de gagner l'affection des troupes,
qui peu accoutumées depuis leur arrivée en
Égypte, à le voir combattre dans leurs rangs,
s'étaient formées depuis long-temps une idée
désavantageuse sur son compte. Sa conduite
fut loin d'être basée sur ces principes. En
attaquant, comme il le fit, la réputation de
son prédécesseur, il éloigna de lui des généraux pleins d'admiration et d'amour pour la
mémoire de Kléber, et qui crurent d'ailleurs
qu'on mésestimait leurs services, lorsqu'ils
virent que l'on cherchait à décrier les actions
de ce général. En déclarant à l'armée, qu'elle
devait considérer l'Égypte comme une nouvelle patrie, il mécontenta des soldats, qui
bien qu'attachés par leurs exploits à la terre
qu'ils habitaient, ne cessaient de regarder
leur retour en Europe, comme la plus belle
récompense qu'ils pussent attendre un jour

de leurs travaux. Ces premières opérations
de Menou, jetèrent dans tous les cœurs le
germe des plus funestes divisions. Cette foule
de généraux, dignes compagnons des grands
capitaines sous les ordres desquels ils avaient
jusqu'alors combattu, n'obéirent plus qu'avec
peine à un homme, qui ne rachetait à leurs
yeux par aucune qualité brillante, l'envie
qu'il paraissait porter à des talens qu'il était
loin de posséder. En considérant les com-
mencemens de ces dissensions domestiques,
on ne saurait condamner les motifs qui faisaient
agir ces généraux ; mais dans leur ressentiment, ils mirent trop facilement de côté toutes
les bornes de la modération et du devoir,
et profitant avec trop d'empressement de la
disposition où se trouvaient les esprits, ils
entraînèrent dans leur parti, des soldats, qui
se montraient bien peu satisfaits des premiers
rapports que leur nouveau général avait eu
avec eux. Certains de ce secours, ils se sépa-
rèrent ouvertement du général Menou, et ne
dissimulèrent point dans toutes leurs actions

les sentimens de haine et de fureur qui les animaient contre sa personne.

Aussitôt que le général Menou se fut aperçu que les premiers actes de son gouvernement l'avaient entouré d'ennemis, il s'empressa de se faire un nombre de partisans assez considérable, pour se mettre en état de résister aux coups qu'on serait tenté de diriger contre lui. Il enleva les premières dignités de l'armée à ceux qui les tenaient du général Kléber, pour en revêtir ses créatures. Cette mesure fut prise pour une déclaration de guerre par les ennemis de Menou; elle manqua même d'avoir les suites les plus funestes, non-seulement pour lui, mais encore pour l'armée. L'Égypte fut sur le point de voir ses conquérans, à l'exemple des Espagnols dans le Pérou, s'entre détruire entr'eux par les fureurs de la guerre civile. Les généraux opposés à Menou, formèrent le projet de l'arrêter, comme incapable de remplir le poste éminent qu'il occupait, de le renfermer dans la citadelle du Caire, et de lui donner pour successeur le général

Régnier , chef du parti qui voulait s'armer contre lui. Ce projet aurait pu s'exécuter sans obstacles aussitôt après la mort de Kléber; mais il ne pouvait avoir lieu dans le moment actuel , qu'en faisant couler à grands flots le sang d'une multitude de Français. Les promotions que le général Menou avait faites, depuis qu'il avait vu son autorité menacée, avaient attaché à ses intérêts un grand nombre d'officiers supérieurs, qui devaient à la conservation de sa personne, celle de leur fortune et de leur dignité. Ceux-ci avaient rangé dans leur parti les corps de troupes qui leur obéissaient. Ainsi chacun dans l'armée était divisé d'esprit et d'opinion. Les uns s'exhalaient en menaces contre le général Menou, les autres juraient de venger dans le sang de ses ennemis, la moindre atteinte qui serait portée à son autorité. Dans un moment où toutes les têtes fermentaient avec cette incroyable activité, l'acte par lequel on aurait voulu priver le général Menou de sa liberté, serait devenu le signal d'un embrasement aussi terrible qu'universel. Cependant, comme la passion ne raisonne pas, nous vîmes le moment où, malgré les malheurs inévitables dont ce projet allait devenir la source, on allait tenter de le mettre à exécution. Déjà les généraux qui étaient à la tête du parti opposé à Menou, avaient concerté tout leur plan; déjà, dans les mesures qu'ils avaient adoptées, ils avaient désigné la personne qui devait se charger de l'arrêter; et si leur dessein ne fut pas conduit plus avant, c'est qu'à cette même époque des ordres du gouvernement, vinrent confirmer à Menou le grade que l'ancienneté de ses services lui avait fait obtenir après la mort de Kléber. Les généraux qui voulaient se saisir de sa personne, cessèrent alors des démarches qui prenaient un caractère beaucoup trop alarmant pour leur parti, et qui les auraient rendus coupables de rébellion envers le gouvernement français, que ce général représentait dès cet instant.

C'est au milieu de tant de troubles et de

divisions que s'écoulèrent les premiers mois du commandement de Menou. L'on ne saurait disconvenir qu'avec plus de modération dans sa conduite, et en montrant plus d'adresse à manier les esprits, il n'eût évité des discordes qui furent sur le point de troubler pour jamais la tranquillité dont nous jouissions en Égypte, et dont le germe ne sut être assez entièrement étouffé, pour ne point laisser à craindre de les voir se réveiller de nouveau dans un temps moins favorable à la fortune de Menou. Nous allons suivre maintenant ce général dans d'autres événemens d'un intérêt non moins majeur que ceux que je viens de décrire, et dans lesquels nous le verrons se montrer sous un aspect beaucoup plus avantageux.

A l'époque de notre débarquement à Alexandrie, l'Égypte déjà déchue depuis bien des siècles de ce haut degré de gloire auquel elle était parvenue sous les règnes brillans des Sésostris et des Ptolomées, ne présentait de toutes parts que des peuples

farouches et sauvages , entourés de déserts
et d'immenses solitudes. Après la conquête
de ce pays, les généraux Bonaparte et Desaix,
avaient cherché, chacun de leur côté, par
une sage administration à ramener ces peuples à d'autres mœurs , d'autres principes
et à l'amour des sciences et des arts. L'invasion de l'Égypte par l'armée du grand-
visir, la bataille d'Héliopolis et le siége du
Caire , en portant toutes les vues du général
Kléber vers un seul et même objet, l'avaient
empêché de poursuivre le plan qui lui avait
été tracé par ses prédécesseurs. A la mort
de ce grand homme , le général Menou
n'étant point arrêté comme lui par les travaux
immenses que demande la guerre , entreprit
de marcher sur les traces des Bonaparte et des
Desaix, et de rendre l'Égypte à son ancienne
célébrité. Mais pour parvenir à ce but, il fallait
songer d'abord à donner à ses habitans un
gouvernement , qui, en assurant pour toujours leur bonheur, pût leur permettre de
tourner leurs désirs d'un autre côté, et de les
porter vers l'agrandissement de la sphère

de leurs connaissances et de leurs idées. C'est à quoi tendirent tous les soins du général Menou.

Avant notre apparition en Égypte, les peuples gémissaient sous le poids du despotisme le plus accablant. Partout on ne reconnaissait d'autres lois que celles que dictait le caprice des beys ; et ces hommes féroces, qui sortaient de la classe la plus abjecte de la société, semblaient vouloir se venger de l'esclavage au milieu duquel ils avaient été élevés, en faisant sentir à leur tour toute la pesanteur de leur joug aux peuples malheureux qui leur obéissaient. Semblables à ces animaux malfaisans qui, dans certains pays, dévorent toutes les années les productions des campagnes, ils attiraient sans cesse à eux la substance des peuples. Personne n'était assuré de jouir avec tranquillité du fruit de ses travaux ; et l'on était obligé d'enfouir ses richesses dans les entrailles de la terre, pour les arracher à l'avarice et à la cupidité des beys.

L'administration de la justice n'était pas

moins monstrueuse en Égypte que celle des finances. L'habitant pauvre était toujours lésé; l'homme riche, au contraire, pouvait donner un libre cours à la férocité de ses mœurs et de son caractère. Si l'on considère que c'est sur ces deux bases principales qu'on doit faire reposer le bonheur de la société, l'on concevra facilement quel devait être l'état déplorable d'un peuple chez qui la fortune et la vie n'étaient jamais en sûreté.

Bientôt tout prit en Égypte une face nouvelle. Tous ces abus d'un gouvernement despotique, qui avaient déjà été détruits en grande partie par les généraux Bonaparte et Desaix, furent entièrement extirpés par Menou. On vit enfin paraître l'ordre là où l'on ne voyait auparavant que confusion et qu'anarchie. Un homme d'une probité sévère, d'une conduite irréprochable (24), fut mis à la tête des revenus publics de l'Égypte; et sous les yeux du général Menou, il rédigea un plan de finances qui devait enrichir le fisc, sans opprimer le peuple en aucune manière. L'administration de la justice ne reçut pas de moins heureux changemens. D'après les ordres de Menou, une commission fut formée dans le Caire pour rédiger un code de lois convenables aux mœurs et à la religion des Égyptiens. Dès-lors le glaive de la justice pesa également sur toutes les têtes; et les richesses ne furent plus un titre pour obtenir l'impunité.

Après avoir pourvu aux maux les plus pressans des Égyptiens, le général Menou tourna ses vues vers d'autres objets. Les mœurs, dont la conservation tient de si près à la félicité des peuples, et qui étaient si relâchées en Égypte, dans ce pays jadis le modèle des plus sages institutions, furent réformées par des ordres sévères qui émanèrent de son autorité. Les Santons, espèce d'ermites, qui, à l'aide de la vénération qu'ils inspiraient aux Égyptiens, se livraient à tous les excès de la licence la plus effrénée (25), et les Almés, ou femmes savantes, qui représentaient devant le peuple les obscénités

les plus dégoûtantes, eurent ordre de se
contenir dans les bornes de la décence la
plus réservée. Un tribunal suprême fut créé
dans le Caire, pour maintenir la religion dans
toute sa pureté. Les canaux d'irrigation, depuis long-temps si négligés par l'insouciance
des habitans, furent nettoyés de toutes parts,
et par ce moyen les eaux furent beaucoup
mieux distribuées et les campagnes mieux
arrosées. Plusieurs tribus d'Arabes errans
furent rendues à la société par des cessions
de terre qu'on leur fit, et qui, quoiqu'abandonnées depuis nombre d'années, pouvaient,
sans beaucoup d'efforts, être rendues de
nouveau à la culture et à la fertilité. Enfin
le général Menou porta ses regards et son
attention sur toutes les branches de l'éco-
nomie sociale de l'Égypte, et dans tout ce
qu'il fit à ce sujet, il montra toujours les
talens de l'administrateur le plus sage et le
plus éclairé.

Cependant, tous ces travaux, qui étaient
élevés au bonheur et à la civilisation des

Égyptiens, ne pouvaient atteindre le but que l'on se proposait, si le général Menou n'avisait en même temps aux moyens de maintenir pour toujours notre tranquillité intérieure dans le pays, et s'il n'inspirait à ses soldats le désir de conserver son ouvrage, en faisant passer dans leur ame ces sentimens d'amour qu'il nourrissait lui-même pour l'Égypte. Le premier de ces deux objets l'engagea à faire dans le Caire des travaux très-considérables, qui devaient avoir pour but d'étouffer dans leur naissance tous les germes de révolte qui pourraient encore se manifester parmi les habitans de cette capitale. Lors du siége du Caire par le général Kléber, on s'était aperçu que les principaux obstacles qui, pendant un mois de suite, avaient entravé nos succès, avaient été apportés par les difficultés qu'avaient éprouvé nos soldats et notre artillerie à pénétrer dans des rues étroites, tortueuses, où l'on ne pouvait se déployer que sur un front peu étendu. Le général Menou entreprit de percer une rue qui vint aboutir en ligne droite de la citadelle du Caire jusqu'à son quartier-général, situés l'un et l'autre aux deux extrémités de la ville, et qui pût lui permettre, dans le cas d'une nouvelle révolte, de faire pénétrer à volonté des troupes partout où les circonstances le demanderaient, afin d'arrêter tout d'un coup par ce moyen les semences de discorde qui pourraient encore éclater. Cette entreprise, d'une utilité si générale pour l'intérêt de nos affaires, ne tarda point à se commencer, et l'achèvement en fut poursuivi avec une activité égale au degré d'importance dont elle était pour la sûreté de l'armée.

Le second objet qui, dans l'occasion dont il s'agit ici, occupait les soins du général Menou, était d'une nature bien plus difficile à remplir. L'on doit se rappeler avec combien peu de satisfaction l'armée avait reçue la déclaration que lui avait faite ce général, de regarder l'Égypte comme une nouvelle patrie. Dès ce moment, les regards de la

18 *

plupart des soldats n'avaient cessé de se porter avec plus d'amour vers le pays qui les avait vu naître, et dont le souvenir leur était devenu d'autant plus cher depuis cette époque, qu'ils s'en croyaient séparés sans retour. Pour écarter de leur esprit des idées aussi importunes, il fallait, si je puis m'exprimer ainsi, redonner à l'armée, par le prestige de l'imagination, une patrie qu'elle regrettait si généralement. C'est surtout dans la capitale de l'Égypte, que le général Menou résolut de faire jouer les principaux ressorts qui devaient amener cet état de choses. Par les soins constans qu'il se donna, la ville du Caire cessa bientôt de montrer à nos yeux cette cité si triste et si monotone que nous avions conquise sur les mameloucks. Les grandes et magnifiques places qu'elle renferme dans son enceinte, si susceptibles de se prêter à des embellissemens et jusqu'alors si négligées, s'alignèrent de toutes parts en longues et superbes allées. A côté de la principale de ces places, celle de l'Esbékieh (26), on vit se former un théâtre où s'empressèrent de jouer tous les amateurs qui possédaient le talent de paraître avec succès sur la scène. Dans tous les quartiers de la ville, l'on établit en grand nombre des restaurateurs, des cafés, des billards, des salles de bals et de concerts (27). Enfin dans l'espace de quelques mois, la volonté d'un seul homme fit prendre à la ville du Caire une activité qu'elle n'avait jamais connue, et lui donna une face toute nouvelle. L'uniformité des villes d'Afrique en disparut entièrement pour faire place à la variété et au tumulte de nos cités européennes.

Au reste le général Menou ne s'en tint pas seulement à ces amusemens frivoles qu'il répandait avec profusion dans le Caire, pour rendre le séjour de l'Égypte agréable à ses soldats. Pour parvenir encore plus sûrement à son but, il résolut de se servir de tous les moyens que l'intérêt peut mettre en œuvre, pour attacher les hommes à une terre qui n'est pas leur patrie. Il n'eut pas beaucoup

de peine à trouver des personnes qui entrèrent avec avidité dans son plan. L'armée était
remplie d'une infinité d'intrigans, qui ne demandaient pas mieux que de quitter leur
poste, pour former des établissemens en
Égypte. Dès qu'ils se virent encouragés par
la manière de penser du général Menou, ils
cherchèrent aussitôt à réaliser leurs projets
de fortune. C'est principalement vers les affaires du commerce et dans la culture des
terres, que les uns et les autres portèrent
leur plus grande attention. Mais si cette quantité d'établissemens que laissa former le général Menou, donna de nombreux partisans
à l'Égypte, elle produisit un mal d'autant
plus dangereux dans l'armée, qu'on ne cher-
cha pas à l'arrêter, parce qu'il ne paraissait
point à craindre dans le moment présent. Ce
fut de la priver d'une foule de soldats, qui abandonnèrent successivement leurs drapeaux,
pour entrer dans cette nouvelle carrière
ouverte à leur cupidité. L'existence paisible
qu'ils y menaient, les dégoûtait du service

militaire, leur faisait perdre ce courage qui est la première qualité d'un soldat, et les engageait ensuite à apporter toute sorte de prétextes et de mauvaises raisons, pour éviter de retourner à leur poste, lorsqu'on voulait les y rappeler. Si nous eussions joui en Égypte d'une paix profonde et durable, il eût été sans doute fort louable au général Menou d'encourager des établissemens, qui tendaient à fixer dans cette colonie, tous ceux qui entrevoyaient l'espoir d'amasser en peu de temps une fortune considérable. Mais comme de toutes parts nous étions environnés d'ennemis, il était, je pense, plus convenable de retenir à leurs drapeaux des hommes dont le courage pouvait être utile à leur patrie, tandis que les services qu'ils rendaient dans les nouveaux états, qu'on leur permettait d'embrasser, n'étaient avantageux qu'à eux-mêmes.

Ces réflexions, qui vinrent sans doute se présenter après coup au général Menou, l'engagèrent, pour réparer la perte que l'armée venait d'éprouver, à lever un corps de troupes auxiliaires à la solde de la France. Ces troupes furent choisies parmi les Grecs et les Cophtes qui habitent l'Égypte. On leur donna l'habit français, et on les dressa suivant toutes les règles de la tactique européenne. Mais ces troupes auxiliaires, coûtèrent beaucoup plus de dépenses, qu'elles ne rendirent de services. La légion grecque est la seule qui ait su s'attirer l'estime de l'armée. A la bataille d'Alexandrie, livrée contre les Anglais, elle montra par la bravoure avec laquelle elle combattit, que la nation grecque n'a pas dégénéré de ce courage, qui, à l'époque des beaux jours de sa gloire, la fit triompher si souvent des efforts réunis de la Perse. Mais la légion cophte, qui était beaucoup plus nombreuse, n'a été absolument d'aucune utilité à l'armée. La lâcheté qui caractérise cette partie des habitans de l'Égypte, n'a jamais permis qu'on les mît en ligne de bataille devant les ennemis de la France. On les a toujours tenus dans des forts, plutôt pour faire nombre, que pour contribuer à les défendre.

Le courage des Grecs se lit sur leur physionomie; celle des Cophtes annonce la lâcheté
et la bassesse d'une ame opprimée conti-
nuellement par le fanatisme des Musulmans
et par la cupidité des beys.

Tel était l'état où se trouvaient l'Égypte et
l'armée vers la fin du huitième mois du commandement de Menou. Nous arrivions alors
à grands pas au dénouement de l'expédition
que nous avions entreprise en Égypte. Depuis
long-temps le gouvernement britannique
voyait avec un œil de jalousie la puissance
française se consolider chaque jour de plus
en plus dans ce pays. Ses possessions d'Asie
ne lui paraissaient point en sûreté, tant que
la France conserverait un entrepôt dans
l'Orient, où elle pût faire passer les armées
qu'elle voudrait envoyer par la Syrie et la
Perse à la conquête des Indes. Jusqu'à présent
ce gouvernement s'était reposé sur les armes
des Turcs, du soin de nous voir chasser d'un
pays, qui nous ouvrait la route des plus riches
de ses colonies. Mais voyant par une succes-

sion de deux ans de victoires que nous avions remportées sur cette nation, que ce moyen ne parviendrait jamais à causer notre ruine, il résolut enfin d'avoir recours à ses propres forces, pour venir détruire dans son foyer l'incendie qui pouvait peut-être un jour embraser toute l'Asie. Les ports de Malte et de Mahon, se couvrirent bientôt, par ses ordres, d'artillerie et de soldats. Le Grand-Seigneur fut appelé à partager les périls et l'honneur de cette expédition. Entraîné par ses propres intérêts, autant que par l'alliance qui l'unissait à l'Angleterre, il reçut avec ardeur la proposition d'une nouvelle guerre, dans laquelle il espérait pouvoir venger les journées d'Aboukir et d'Héliopolis, si ignominieuses pour la gloire de ses armes. Tous ces moyens, quoique formidables, parurent encore insuffisans à l'Angleterre, pour exterminer une armée, qui ne comptait dans ses rangs que des héros. Craignant de ne pouvoir en triompher par la valeur, elle voulut du moins l'accabler sous le nombre. A toutes les forces qu'elle avait déjà rassemblées par elle-même dans les ports de Malte et de Mahon, à toutes celles que la Turquie réunissait dans les campagnes de la Syrie, elle joignit encore une armée de Cipayes, qui reçut ordre de s'embarquer dans les ports de l'Inde et de venir déboucher en Égypte par les villes de Cosséir ou de Suez.

Tandis que l'Angleterre et la Porte conjuraient ainsi notre ruine, tandis que trois armées formidables étaient sur le point de s'élancer du sein de la Méditerranée et des bords du Jourdain et du Gange, pour venir fondre sur l'Égypte, le général Menou, occupé tout entier à des projets de spéculations politiques, paraissait ne pas même se douter du danger qui menaçait cette contrée. Les frontières du côté de la Syrie et les côtes étaient pour ainsi dire dégarnies de troupes ; et l'armée entière disséminée dans une étendue de près de deux cents lieues de pays, ne songeait qu'à oublier dans les délices de la paix, toutes les fatigues que nous lui avons vu

éprouver depuis son arrivée en Égypte. Elle
ne prévoyait d'autres dangers dans l'avenir,
que ceux que pouvait lui apporter l'influence maligne du climat sous lequel elle
habitait; et elle ne fut même tirée d'un aussi
funeste assoupissement, que lorsque l'orage,
qui de deux parties du monde, s'avançait
avec bruit sur l'Égypte, finit enfin par éclater
sur sa tête.

Dans les premiers jours du mois de ventose
an 9, une escadre anglaise, portant dix-huit
à vingt mille hommes de débarquement,
parut tout à coup à la hauteur d'Alexandrie.
En apprenant l'arrivée de cette escadre, le
général Menou fut également informé de la
marche d'une armée de trente mille Turcs
sur les frontières de l'Égypte. Indécis entre
ces deux nouvelles et ne sachant de quel
côté se porter, ce général passa plusieurs
jours dans la plus funeste inactivité, et à
délibérer dans la ville du Caire sur le parti
qu'il lui convenait de prendre dans une telle
conjoncture. Enfin, emporté par l'opinion

que l'apparition des Anglais dans les parages d'Alexandrie, n'avait d'autre but que d'attirer sur les côtes une partie de nos forces, afin de permettre à l'armée turque, au moyen de cette diversion, de pénétrer avec plus de facilité dans l'intérieur de l'Égypte, il ne bougea point de la ville du Caire, et il se contenta d'ordonner au général Régnier de partir de cette capitale, à la tête de sa division, pour aller s'opposer à l'invasion des Turcs.

Mais en s'arrêtant à ce parti, le général Menou avait mal deviné les desseins qui conduisaient les Anglais sur les côtes de l'Égypte. Pressés de s'assurer une entrée dans ce pays, et n'apercevant devant eux aucuns préparatifs de défense capables d'arrêter leurs projets, ils opérèrent leur débarquement, sur la plage d'Aboukir, dans la journée du 17 ventôse. En vain le général Friant, avec une partie de la garnison d'Alexandrie, entreprit de les combattre à la sortie de leurs vaisseaux; en vain quelques jours après, le général

Lanusse, à la tête d'un corps de troupes plus considérable, se présenta devant leurs lignes pour essayer de les forcer : obligés de céder devant des forces infiniment supérieures aux leurs, ces généraux se virent contraints, pour éviter l'entière destruction de leurs troupes, de se réfugier à la hâte sous le canon d'Alexandrie. Encouragés par ces premiers succès, mais joignant la prudence à leurs opérations, les Anglais se retranchèrent sur les rivages de la mer, auprès de la ville d'Alexandrie, afin de se mettre en état de résister avec un plus grand avantage au choc de l'armée française, qu'ils présumaient devoir s'ébranler en ce moment de toutes les parties de l'Égypte, pour venir leur disputer la possession de ce pays.

En effet, en apprenant la nouvelle du débarquement des Anglais, le général Menou avait rappelé à lui la division du général Régnier, réuni autour de sa personne toutes les autres troupes qu'il avait pu rencontrer sous sa main, donné l'ordre au général Bel-

liard de presser l'arrivée des forces qui occupaient la Haute-Égypte, dont on avait
ordonné l'évacuation, et de les joindre à
celles qu'il laissait sous son commandement,
pour défendre la ville du Caire contre les
entreprises que pourrait tenter l'armée turque; et à la suite de toutes ces dispositions,
il s'était mis en marche pour se rendre sur
les côtes. Mais cette marche qu'il aurait dû
presser avec la plus grande activité, il la fit
avec une lenteur tellement inconcevable, que
douze jours s'étaient déjà écoulés depuis le
débarquement de l'ennemi, lorsque le général Menou arriva avec son armée à Alexandrie. Un retard aussi considérable, avait
permis aux Anglais de s'entourer de retranchemens inabordables, et de s'accoutumer
à ne point craindre des soldats qui tardaient
aussi long-temps de paraître en leur présence. Le soir de son arrivée à Alexandrie,
le général Menou fit toutes les dispositions
qui lui parurent nécessaires, pour assurer
le gain de la bataille, qu'il comptait livrer

le lendemain. Les Anglais se préparèrent de leur côté à la résistance la plus vigoureuse et la plus opiniâtre.

Le 3o ventose (21 mars 1801), avant le jour, l'armée française déployée en longues colonnes d'attaque, marcha avec intrépidité aux retranchemens ennemis. Dès les premiers instans du combat, la 21.e demi-brigade d'infanterie légère , le régiment des dromadaires et la légion grecque, obtinrent les succès les plus éclatans. Un bataillon même de la 21.e demi-brigade , semant l'épouvante et la confusion devant lui , pénétra jusque dans le milieu des retranchemens ennemis. Si ce bataillon eût été secondé, ce premier succès eût pu décider du gain de la journée ; il ne le fut pas, et tous ces braves qui avaient ainsi percé avec tant de courage à travers les rangs des Anglais, victimes de leur valeur et de leur dévouement, furent massacrés ou faits prisonniers. Dès ce moment le sort des armes, qui d'abord s'était déclaré en notre faveur d'une manière si brillante, se tourna entièrement contre nous. Pendant le reste de l'affaire, nous ne tentâmes plus que des efforts impuissans, pour chercher à enlever les retranchemens ennemis. Enfin, s'apercevant que l'intrépidité de ses soldats ne servait qu'à augmenter le nombre des victimes qui avaient déjà été immolées, le général Menou fit sonner la retraite, et ramena l'armée dans la position qu'elle avait occupée, avant d'attaquer les Anglais.

Tel fut le résultat de cette journée mémorable, où nous vîmes expirer le cours de trois années de succès que nous avions obtenus en Égypte. On reproche une faute capitale au général Menou, celle d'avoir engagé l'action avant le jour, ce qui jeta de la confusion dans les mouvemens de plusieurs corps de troupes, et fit manquer l'ensemble de l'attaque telle qu'on devait l'exécuter. On accuse plus gravement les généraux qui servaient sous ses ordres. Encore imbus de tous ces sentimens de haine qu'avaient allumés dans

leurs cœurs les premières opérations de
Menou, et n'ayant pu, dans le temps, par
suite des mesures prises par le gouvernement
français, en pousser la vengeance aussi loin
qu'ils l'auraient désiré, ces généraux avaient
vu arriver avec plaisir le moment où ils allaient enfin pouvoir le faire d'une manière
égale au ressentiment qui les animait. Le général Roise, qui commandait la cavalerie de
l'armée, ne marcha aux ennemis, qu'après
en avoir reçu l'ordre par trois fois du général
Menou. Le général Régnier, qui était à la
tête de l'aile droite, pressé à diverses reprises de venir prendre part au combat, n'a-
bandonna la position qu'il occupait, que pour
faire périr une partie de sa division par l'effet
de la mitraille ennemie, sous le feu de laquelle il la tint long-temps exposée. C'est
ainsi que le bien de la chose publique le céda
dans une occasion si pressante, à l'esprit de
haine et de parti; c'est ainsi que l'intérêt
général, devant qui toutes les passions doivent
se taire, fut sacrifié, comme il n'arrive que

trop souvent parmi les hommes, à l'intérêt
particulier.

L'on ne peut répandre aucunes taches sur
la conduite de nos soldats. Ils se battirent en
Français, c'est-à-dire, avec l'excès du courage. Environ deux mille d'entr'eux, dans
cette affaire, furent les victimes de la mésin-
telligence et de la division de leurs généraux.
La perte des Anglais fut beaucoup moindre
que la nôtre. Appuyés sur leurs retranchemens, presqu'aucun de leurs coups n'é-
tait tiré en vain, tandis que la plupart des
nôtres pouvaient à peine les atteindre. L'on
ne compta guères de leur côté que quelques centaines d'hommes tués ou blessés. Du
nombre des premiers, fut le général de leur
armée, Abercrombie, qui termina en Égypte
une carrière, qu'il avait illustrée dans les
îles de l'Amérique. Le général Hutchinson
lui succéda dans le commandement en chef
de l'armée anglaise.

La perte de la bataille d'Alexandrie, porta
un coup mortel au moral de nos soldats. Elle

détruisit chez eux une idée à laquelle les
avait accoutumés si long-temps un cours non
interrompu de succès : elle leur apprit qu'ils
n'étaient plus invincibles. Cependant, malgré
l'avantage important que les ennemis venaient
d'obtenir, en nous repoussant de devant leurs
retranchemens, leur position n'avait rien de
brillant, et rien n'était encore désespéré pour
nous. Campée au milieu d'un désert aride et
sablonneux, l'armée anglaise ne pouvait retirer aucunes subsistances des campagnes cultivées de l'Égypte, qui étaient toujours en
notre pouvoir. Jusqu'à présent elle avait été
alimentée par son escadre ; mais les vivres
qu'elle continuait à en recevoir, lui étaient
délivrés en si petite quantité, qu'il était facile de s'apercevoir que ce secours ne pouvait lui être assuré pour long-temps. Si le
général Menou eût su tirer parti de cette circonstance, l'armée anglaise, malgré la victoire qu'elle venait de remporter, aurait été
bientôt réduite à la seule alternative de se
rembarquer promptement ou de périr de

faim et de soif dans les déserts d'Alexandrie.
Il fallait, pour enlever aux Anglais la jouis-
sance des productions des campagnes de l'É-
gypte, jeter une forte garnison dans Rosette,
qui par sa situation auprès de l'embouchure
de la branche occidentale du Nil, se trouve
être du côté de la mer la clef du Delta, pro-
ince la plus riche et la plus fertile de l'É-
gypte. Le général Menou, par un aveuglement difficile à concevoir, n'avait confié la
défense d'une position aussi importante, qu'à
une garnison de quelques centaines d'hommes.
Les Anglais, en apprenant la possibilité qu'il
y avait de s'emparer de Rosette, détachèrent
un corps de troupes de leur armée, pour
marcher à cette expédition. Ces troupes se
joignirent à plusieurs milliers de Turcs, faisant partie d'un corps plus nombreux que le
Capitan-pacha avait débarqué sur les côtes
de l'Égypte. Le commandant de Rosette,
instruit par les rapports de ses espions de l'approche des ennemis, se hâta d'en faire part

au général Menou, en demandant avec instance qu'on lui fît passer promptement des renforts, pour pouvoir faire face au danger qui le menaçait. Il était encore temps de sauver la ville de Rosette. Il fallait pour cela de la diligence et de l'activité ; mais le général Menou, accoutumé à mettre dans ses opérations une prudence louable dans certaines occasions, mais désespérante dans d'autres, délibéra au lieu d'agir, et la garnison ne fut point secourue. Sur ces entrefaites, les Anglais attaquèrent Rosette avec des forces si supérieures, que les troupes qui s'y trouvaient renfermées, n'eurent d'autre parti à prendre, pour éviter de tomber entre leurs mains, que d'évacuer promptement la ville et d'effectuer leur retraite sur le poste de Rakmanieh.

A la nouvelle de cette perte irréparable, le général Menou désespéré, envoya un de ses aides-de-camp pour reconnaître par lui-même quels étaient les moyens que l'on pouvait prendre pour recouvrer cette place. Mais à l'arrivée de cet officier, il ne s'agissait déjà plus de chasser les Anglais de Rosette, ni même de les contenir dans cette ville, mais de les empêcher, en occupant devant eux une position redoutable, de marcher à de nouvelles conquêtes. En effet, à peine s'étaient-ils vus en possession d'un poste aussi important que Rosette, qu'attirés par la facilité des subsistances et par l'avantage qu'ils voyaient de là à faire pénétrer leurs troupes avec moins de fatigues dans l'intérieur de l'Égypte, en les faisant filer le long des rivages du Nil, ils s'étaient décidés sur-le-champ à transporter de ce côté le siége des principales opérations de la guerre. Le général Menou, instruit bientôt de cet événement, et par le rapport de son aide-de-camp et par les mouvemens qu'il voyait faire sous ses yeux aux ennemis, détacha aussitôt le général Lagrange de son armée, avec la plus grande partie de ses forces, et lui donna l'ordre d'aller se camper à El-Aft en avant de

Rakmanieh, afin de s'opposer aux nouvelles entreprises que pourraient tenter les Anglais. Quant à lui, après le départ de ce général, trop faible avec ce qui lui restait de troupes, pour résister en pleine campagne au corps ennemi qui était resté devant lui, mais encore en état de lui disputer chèrement la victoire, en se retirant derrière des retranchemens, il abandonna la position qu'il occupait depuis son arrivée sur les côtes, et il fut se renfermer dans les murs d'Alexandrie.

Dans l'état où venaient de tomber nos affaires, la conservation d'Alexandrie n'était pas moins importante pour nous, que l'occupation de Rosette pouvait l'être pour les Anglais. Cette ville, par sa position sur les rivages de la mer, assurait nos communications avec la France, et nous facilitait les moyens de recevoir les secours qui pouvaient nous arriver de notre patrie, secours qui, après les pertes nombreuses que l'armée avait éprouvées, nous étaient devenus du plus pressant besoin. C'est cette dernière considération surtout, qui avait engagé le général Menou à se renfermer dans Alexandrie , plutôt que de suivre le mouvement qu'il avait ordonné au général Lagrange et de se replier avec lui du côté de Rakmanieh. Les Anglais ne sentaient pas moins que nous l'avantage que nous retirions de conserver Alexandrie entre nos mains. Mais dans l'intention où ils étaient de s'éloigner des côtes de la mer , pour pousser leurs succès dans l'intérieur de l'Égypte , ils ne pouvaient, sans arrêter la marche de leurs autres opérations , employer toutes leurs forces à nous enlever cette ville. Cependant , avant de se mettre en campagne, voulant se délivrer entièrement de toute inquiétude à ce sujet, ils résolurent, dans l'impossibilité où ils se voyaient de se rendre maîtres d'Alexandrie, de paralyser du moins autant que possible , l'avantage que nous procurait la situation de cette ville. Le moyen qu'ils employèrent pour arriver à ce but, est un des plus grands événemens de la guerre que les Anglais sont venus nous faire en Egypte, et il mérite sous ce rapport d'être connu avec quelques détails.

Assise sur les bords de la Méditerranée, la ville d'Alexandrie est bornée au sud par des déserts qui gisent sur l'emplacement de l'ancien lac Maréotis, et à l'est par le lac Madież, reste de l'ancienne bouche Canopique du Nil et qui s'étend sur un espace d'environ quatre lieues de profondeur dans les terres. Ce lac, dans sa partie méridionale, est séparé du Maréotis par une langue de terre fort étroite, sur laquelle coule un canal dérivé des eaux du Nil à Rakmanieh, et qui, dans le temps de l'inondation du fleuve, va porter toutes les années dans les citernes d'Alexandrie, la quantité d'eau nécessaire à la consommation de la ville. Pour exécuter le projet que les Anglais avaient en vue, ils coupèrent la chaussée qui sépare le lac Madieh du canal d'Alexandrie, et ouvrirent par ce moyen un passage aux eaux de la mer, qui ayant à s'écouler sur un sol aussi peu élevé que celui de l'Égypte, entrèrent avec impétuosité dans le bassin de l'ancien lac Maréotis, et continuant de là à refluer avec une nouvelle force dans les terres, firent craindre qu'elles ne pénétrassent jusque dans le Faïoum, et ne fissent disparaître cette belle province du continent de l'Afrique. Cette submersion totale du territoire d'Alexandrie isola entièrement cette ville du reste de l'Égypte. Elle empêcha d'une part que les secours qui pouvaient lui arriver de France, ne pussent se faire jour de ce côté pour s'avancer dans l'intérieur du pays; et d'autre part, en lui enlevant toutes les ressources qu'elle retirait de la campagne et du canal qui lui apportait les eaux du Nil, elle lui ôta l'espoir de pouvoir long-temps se main-tenir contre les attaques des Anglais. Au moyen de cette opération, qui ne leur lais-sait plus rien à redouter du côté d'Alexandrie, les ennemis ne tinrent plus qu'un simple corps d'observation devant cette place, et ren-forçant leur armée de Rosette du reste des troupes qu'ils avaient encore de disponibles, ils se préparèrent à profiter de tous les succès qu'ils avaient déjà obtenus en Égypte, pour marcher à la conquête entière de ce pays. Tout semblait se réunir dans cette circonstance pour favoriser les desseins des Anglais, et leur aplanir les obstacles qu'il leur restait encore à vaincre pour terminer avec honneur une entreprise qu'ils avaient déjà si heureusement commencée. Cette armée de trente mille Turcs, dont nous avons annoncé la marche sur les frontière de l'Égypte, en parlant de l'apparition de l'escadre anglaise dans les parages d'Alexandrie, joignait alors ses efforts à ceux de ses alliés et faisait occuper par ses troupes les provinces de la rive droite du Nil, qui sont situées dans le voisinage du Caire. Animés donc par le double motif et de poursuivre le cours de leurs victoires et d'opposer, par leur réunion à l'armée turque, une plus grande masse de forces à la résistance des Français, les Anglais partirent de Rosette et s'avancèrent pour attaquer le général

Lagrange, qui était campé sur la route du Caire, à deux lieues en avant de Rakmanieh. Ce général n'était pas dans une situation à rappeler la fortune qui avait abandonné nos drapeaux. Il avait à peine quatre mille hommes à opposer à l'armée anglaise qui venait le combatre ; d'ailleurs la position que le général Menou lui avait ordonné d'occuper, était mal choisie et pouvait être facilement tournée : toutes ces considérations ne lui faisant prévoir aucune chance de succès, il leva son camp à la vue des Anglais et se retira sur Rakmanieh. Le lendemain ayant encore été attaqué dans ce nouveau poste, il s'y défendit avec intrépidité jusqu'au soir, et lorsque l'obscurité de la nuit lui eut permis de dérober ses mouvemens à l'ennemi, il ordonna de battre en retraite sur la ville du Caire. Les Anglais le poursuivirent dans sa fuite. Arrivés dans cette partie de l'Égypte, où les eaux du Nil en se séparant en deux branches, forment le sommet du Delta, ils arrêtèrent leur marche

pour se mettre en communication avec l'ar=
mée turque, qui s'était rapprochée du
fleuve, dans le dessein de concerter ses
mouvemens avec ceux des Anglais. Ces
deux armées, après s'être reposées quelques
jours dans cet endroit pour se refaire de
leurs fatigues, et avoir combiné le plan
d'opérations qu'elles devaient tenir, se remirent en route, en marchant parallèlement sur
les deux rives du Nil, et s'avancèrent sur
le Caire, en vue duquel elles arrivèrent
quarante jours après l'affaire de Rakmanieh.
La droite de l'armée anglaise alla se camper
au sud de la ville de Gizeh, et la gauche
en face de Boulack, laissant occuper par
le centre l'intervalle assez considérable qui
se trouve entre ces deux villes. Les Turcs,
à l'exemple de leurs alliés, établirent leur
camp depuis le pied du mont Mokatan jusqu'aux bords de la rive droite du Nil.
Au moyen de cette longue ligne de circon-
vallation, la ville du Caire se trouva environnée de toutes parts d'ennemis, et les

communications extérieures lui furent entièrement coupées.

Laissé par le général Menou pour la défense
de la capitale de l'Égypte, le général Belliard
avait pu s'attendre depuis bien long-temps
à ce funeste dénouement que venaient d'avoir
nos affaires. En apprenant la perte de la
bataille d'Alexandrie et l'occupation de
Rosette par les Anglais, il avait prévu qu'il
ne tarderait pas à voir se diriger contre lui
les efforts réunis de l'Angleterre et de la
Porte, et dès ce moment il s'était mis en
mesure d'opposer à leurs armées victorieuses
la plus vigoureuse résistance. Pour réussir
dans ce dessein, il avait élevé des retranchemens qui embrassaient toute la circonférence
du Caire ; et afin de compléter en entier son
plan de défense, ayant appris que les Anglais
avaient introduit dans le Nil une flotille de
chaloupes canonnières, dont ils se servaient
pour seconder leurs opérations, il fit échouer
une centaine de barques en avant de la ligne,
pour lui barrer le cours du fleuve. Trois

mille soldats qui obéissaient précédemment à ses ordres, quatre mille que lui en avait amené le général Lagrange en se retirant sur le Caire, lui parurent un moyen suffisant de défendre avec succès tous les ouvrages qu'il avait fait construire, lorsque l'ennemi se présenterait pour les attaquer. Mais malheureusement ce corps de troupes ne resta pas long-temps au même nombre. Tandis que les armées de l'Angleterre et de la Porte, victorieuses de tous les obstacles qu'elles avaient rencontré sur leurs pas, s'avançaient pour nous assiéger dans la ville du Caire, nous avions à combattre dans l'enceinte même de cette ville un ennemi bien plus terrible et qui nous faisait alors une guerre acharnée. Je veux parler de la peste. Cette cruelle maladie s'était déclarée dans la ville du Caire depuis le commencement du mois de nivose. Pendant assez long-temps, ses progrès, quoique continus, n'avaient point été dangereux. Mais à l'époque dont je parle maintenant, elle prit le caractère le plus effrayant , et fit des ravages très-considérables parmi les troupes françaises qui se trouvaient rassemblées dans la ville du Caire. Toutes les précautions que l'on prit pour s'en garantir, devinrent inutiles. La contagion choisit ses victimes, et parmi ceux, qui, retirés dans les réduits les plus secrets de leurs maisons, évitaient toute communication extérieure, et parmi ceux qui se livraient à tous les excès d'une vie dissipée. Dans peu de jours, les hôpitaux français du Caire, ne purent contenir le nombre des pestiférés qu'on apportait à chaque instant. L'on fut obligé d'en créer de nouveaux ; et ceux-ci ne pouvant même suffire pour renfermer tous les malades, l'on se vit contraint d'en déposer une grande partie sous plusieurs vastes colonnades attenant à quelques-uns de ces hôpitaux. Dans quelqu'endroit qu'on les plaçât, ces misérables, étendus sur de mauvais grabats, frappaient sans cesse l'air de leurs gémissemens douloureux. Les uns appelaient la mort à grands cris; les autres semblaient la repousser avec terreur, et expiraient ainsi dans les convulsions du plus horrible désespoir. Les vêtemens de tous les morts étaient traînés avec des crocs sur les places les plus voisines des hôpitaux dans lesquels ils venaient d'expirer, et après avoir été réunis en un même monceau, ils y devenaient la proie des flammes. L'aspect de tous ces feux qu'on voyait pétiller de distance en distance, en rappelant à chaque instant la cause funeste qui les allumait, formait un spectacle bien accablant pour tous ceux qui survivaient à ces disgrâces. Il serait sans doute difficile d'imaginer une position plus affreuse que la nôtre dans cette circonstance : la mort s'offrait à nous de toutes parts ; le glaive de l'ennemi nous fermait au dehors du Caire le chemin de notre patrie, et la peste, au milieu de son enceinte, nous environnait de tombeaux.

A l'arrivée des armées ennemies devant nos retranchemens, treize cents hommes avaient succombé à ce redoutable fléau (28), et

malgré cette énorme mortalité, il nous restait
encore plus de mille malades dans les hôpitaux de la ville. Cette grande diminution
de nos forces, ayant privé le général Belliard
de la meilleure partie des moyens avec lesquels il avait pu d'abord se promettre la
victoire, il lui fallut renoncer aux idées de
défense qu'il avait formées, et adopter un
parti plus convenable au nouvel état de
choses au milieu duquel il se trouvait placé.
Cependant dans un objet d'une aussi haute
importance et où il s'agissait du sort de la
capitale de l'Égypte, il ne voulut rien décider d'après ses propres lumières , et il résolut
de convoquer un conseil de guerre , et de
remettre entre ses mains la décision de la
conduite que l'état présent de nos affaires
devait nous faire tenir dans la ville du Caire.
Il fit donc appeler dans son quartier-général
tous les officiers supérieurs du corps d'armée
qu'il commandait, et après leur avoir retracé
les ravages affreux que la peste exerçait au
milieu de nous , la faiblesse réelle de nos

ressources, la grandeur de celles de nos ennemis et le peu d'apparence qu'il y avait de défendre des retranchemens d'une étendue aussi immense que ceux que nous avions à garder avec un corps de troupes déjà réduit aux deux tiers de ce qu'il était précédemment et dont le nombre diminuait encore chaque jour, il finit par les inviter à énoncer chacun leur opinion et à décider le parti auquel ils pensaient qu'il fallût nous arrêter dans une position aussi pénible que celle qu'il venait de leur faire connaître.

Après qu'il eut achevé l'exposé de notre situation, le général Lagrange prit la parole, et conseilla de ne point traiter avec les ennemis, avant de savoir les intentions du général Menou, qui, comme chef suprême de l'armée, avait seul le droit de dicter notre conduite dans la circonstance présente. Le général Donzelot proposa ensuite de se retirer dans la Haute-Égypte, d'y faire la guerre à la manière des mameloucks, et d'attendre dans cet état que le gouver-

nement français pût nous faire passer des
renforts assez considérables, pour recouvrer
notre puissance en Égypte. Mais lorsque
ce fut au tour du colonel Dupas à parler,
il rejeta toutes ces mesures, et en proposa
une autre d'une nature bien plus relevée,
et qu'il exposa en ces termes :

« Qui de nous, Messieurs, se fût imaginé à
» l'époque de l'entrée triomphante de notre
» armée en Égypte, que nous serions obligés
» un jour d'aviser aux moyens de nous y sou-
» tenir, ou de proposer des mesures qui pus-
» sent nous en faire sortir sans compromettre
» notre honneur. Tel est cependant l'état où
» les événemens les plus malheureux viennent
» enfin de nous réduire. Mais avant de songer
» aux moyens de reculer notre défaite, ou de
» la couvrir du moins de couleurs honorables,
» ne nous reste-t-il plus aucun espoir dans
» la victoire ? N'avons-nous plus ces mêmes
» soldats qui, au nombre de quatre mille,
» ont culbuté vingt mille Turcs dans la mer
» d'Aboukir ? N'avons-nous plus ces mêmes

» soldats qui, dans l'espace d'un mois, ont
» reconquis toute l'Égypte sur une armée de
» quatre-vingts mille hommes ? Les temps ne
» sont plus les mêmes, pourra-t-on me ré-
» pondre ; alors aucune défaite n'avait souillé
» notre gloire. Faibles raisons ! Ce ne sont
» point les armes de nos ennemis qui ont
» abattu notre puissance en Égypte ; nous ne
» devons nos malheurs qu'à nos propres divi-
» sions. Osons croire qu'il est encore en notre
» pouvoir de vaincre, et nous serons victo-
» rieux. Croyez-moi, Messieurs, abandonnons
» nos retranchemens, allons affronter l'en-
» nemi dans les siens, et nous y trouverons
» encore une victoire glorieuse. Si ce moyen
» nous manque, si nous sommes obligés de
» rentrer de nouveau dans les murs du Caire,
» et qu'il ne nous reste plus d'autre alternative
» qu'une capitulation ou la mort, arrêtons-
» nous à la mort, et choisissons-en une qui
» réponde à la grandeur de notre renommée.
» Quel sujet d'orgueil pour la France, quel
» sujet d'admiration pour l'Europe, lorsque

» l'une et l'autre apprendront qu'il s'est trouvé
» cinq mille Français qui ont préféré la gloire
» à jamais immortelle de s'ensevelir sous les
» ruines d'une ville, à la honte de la céder
» à l'ennemi ! »

L'enthousiasme répandu dans ce discours, passa dans un instant dans l'ame de la plupart des auditeurs. Une ardeur martiale se faisait remarquer dans presque tous les regards, et l'avis du colonel Dupas était sur le point de passer, lorsque d'autres personnes entreprirent de combattre cette opinion, ainsi que les deux autres qu'on avait précédemment avancées. Elles représentèrent d'abord qu'il est certaines occasions où l'on est obligé de prendre conseil de soi-même, sans qu'il soit besoin de recourir à une autorité éloignée, qui ne peut vous être d'aucun secours. Pour ce qui était de notre retraite dans la Haute-Égypte, elles en démontrèrent l'inutilité, en faisant observer qu'avant que le gouvernement français pût nous envoyer des renforts à travers une mer couverte de vais-

seaux ennemis, les Anglais et les Turcs auraient le temps de nous pousser de ville en
ville jusqu'aux extrémités de la Haute-Égypte,
et de nous renfermer dans des déserts, où à
défaut de leurs armes, nous ne tarderions
point à périr de faim, de misère et de désespoir. Quant à l'avis du colonel Dupas, après
avoir donné à la bravoure de cet intrépide
officier tous les éloges qu'elle méritait, elles
dirent à ce sujet : qu'entre les deux exemples
qu'il avait rapportés de nos victoires passées,
pour nous faire espérer de nouveaux succès,
elles s'arrêteraient seulement à celui du général Kléber, dont la situation avait été plus con-
forme à la nôtre, vu que l'Égypte, au temps
de ce général, était entièrement couverte de
soldats ennemis, comme elle l'était dans ce
moment; mais que parce qu'il était parvenu à
les anéantir totalement, nous ne devions point
en tirer pour cela un augure favorable pour
nos armes, puisque c'était avec des forces infiniment supérieures aux nôtres, qu'il avait reconquis l'Égypte sur une armée de quatre-vingt

mille Turcs , tandis que nous qui n'étions
que cinq mille Français, avions à combattre,
non-seulement un nombre très-considérable de
Turcs, mais de plus douze mille Anglais; qu'il
fallait donc renoncer au projet de vouloir
forcer dans leur camp un si grand nombre
d'ennemis , et qu'une entreprise de cette
nature, serait plutôt considérée comme un
acte de délire , que comme une action de
courage. Elles firent ensuite remarquer qu'il
n'y avait aucune honte à céder une place à
l'ennemi, lorsqu'on était dans l'impossibilité
de la défendre, et qu'on en sortait surtout
sous les clauses d'une capitulation honorable.
Elles ajoutèrent enfin , que la position que
nous occupions dans la ville du Caire , quoique défectueuse sous bien des rapports, était
cependant assez respectable, pour nous faire
obtenir toutes les conditions que nous vou-
drions mettre pour prix à notre départ de
l'Égypte ; qu'il fallait donc se hâter de profiter de ce moment, pour sortir avec honneur

d'un pays, que dans un mois plus tard, nous ne pourrions peut-être plus quitter qu'avec infamie.

Ce dernier discours fixa tous les esprits jusqu'alors incertains. On alla ensuite aux opinions, et à la grande pluralité des voix, on conclut à la capitulation.

Pendant que nos généraux prenaient cette dernière résolution, les ennemis de leur côté faisaient toutes leurs dispositions pour une attaque générale. Depuis le moment de leur arrivée sous nos retranchemens, il ne s'était livré aucun combat, dont il soit digne de faire mention. Chaque jour l'on se canonnait de part et d'autre, nos avant-postes s'attaquaient et se repoussaient tour à tour ; mais ces divers engagemens, en causant la perte de quelques hommes, n'amenaient rien de décisif. Enfin lorsque nos généraux s'aperçurent que les Anglais avaient tout préparé pour forcer nos retranchemens, ils envoyèrent un parlementaire dans leur camp pour demander

à capituler. Cette proposition fut reçue avec
ardeur par les armées ennemies, puisqu'elle
leur livrait sans coup férir une ville, dont ils
ne s'étaient promis la possession, qu'au prix de
la perte des plus braves de leurs soldats. Aussitôt des plénipotentiaires nommés de part et
d'autre, se réunirent dans un lieu désigné entre
les deux camps, et s'occupèrent sans relâche
à dresser les articles de la capitulation. Toutes
les conditions que nous dictâmes furent acceptées, et l'on convint entr'autres points :

« Que les troupes aux ordres du général
Belliard, sortiraient du Caire avec armes,
bagages, artillerie de campagne, caissons et
munitions, et se rendraient sur les bords de
la mer, pour être embarquées et transportées
en France, ainsi que tous les objets ci-dessus
mentionnés, aux frais des puissances alliées;

» Que les malades qui ne pourraient pas
supporter le transport, seraient admis dans un
hôpital à Rosette, pour y être soignés par des
officiers de santé et employés français, jusqu'à

leur parfaite guérison ; et qu'alors ils seraient renvoyés en France les uns et les autres , aux mêmes conditions que les corps de troupes ;

» Que les administrations de l'armée et les membres de la commission des sciences et des arts , pourraient emporter avec eux , non-seulement tous les papiers relatifs à leur gestion , mais encore ceux qui leur étaient particuliers , ainsi que les autres objets qui pouvaient les concerner ;

» Enfin , que tout habitant de l'Égypte , de quelque nation et de quelque religion qu'il fût , ne pourrait être inquiété , ni dans sa personne , ni dans ses biens , pour les liaisons qu'il avait pu avoir avec les Français , pendant leur occupation de l'Égypte ; pourvu qu'il se conformât , toutefois , aux lois et aux réglemens du pays ».

Tandis que ces derniers événemens se passaient dans la ville du Caire , le général Menou , renfermé dans Alexandrie par une division de l'armée anglaise et par les eaux de la Méditerrranée, défendait avec vigueur dans cette ville les restes expirans de notre puissance en Égypte. Tant qu'il avait pu penser que sa résistance dans les murs d'Alexandrie, pouvait importer à la conservation de nos affaires, il avait opposé à toutes les attaques de l'ennemi un courage aussi invincible qu'opiniâtre. Mais une fois, qu'après la reddition du Caire, tout le reste de l'Égypte eût passé sous la domination du vainqueur, sa résistance devenant dès-lors sans objet, et se voyant pressé d'ailleurs par un plus grand nombre de forces, que les ennemis, après la prise du Caire, avaient fait filer sur les côtes, il songea de son côté à faire son accommodement et il demanda à capituler. Les conditions qu'on lui accorda, ne furent pas moins honorables que celles que nous avions obtenues nous-mêmes dans la ville du Caire. Il s'embarqua ensuite à Alexandrie sur des vaisseaux qui lui furent fournis par les Anglais et qui le ramenèrent en France, ainsi que toutes les troupes qui avaient combattu sous ses ordres. Quant à nous, nous les avions déjà précédés dans notre patrie ; et après être partis du Caire et nous être embarqués à Aboukir, nous avions fait voile vers la France, où nous étions arrivés environ un mois avant la garnison d'Alexandrie.

FIN DU QUATRIÈME ET DERNIER LIVRE.

NOTES.

(1) C'est de cette première période de l'histoire d'Égypte, que datent les pyramides de Memphis, le lac Mœris, le labyrinthe, et enfin cette foule de superbes villes qui embellissaient toutes les provinces de l'Égypte, et dont il reste de nos jours de si magnifiques débris.

(2) La ville du Caire.

(3) « Au temps de Gengis-Kan, les Mogols, le fer et la flamme à la main, pillant, brûlant, égorgeant sans distinction d'âge, ni de sexe, réduisirent tout le pays du Sihoun au Tigre, en un désert de cendres. Ayant passé au nord de la Caspienne, ils poussèrent leurs ravages jusque dans la Russie et le Cuban. Ce fut cette expédition, arrivée en 1227 de Jésus-Christ, dont les suites introduisirent les mameloucks en Égypte. Les Tartares, las d'égorger, avaient ramené une foule de jeunes esclaves des deux sexes ; leurs camps et les marchés de

l'Asie en étaient remplis. Les successeurs de Saladin, qui, à titre de Turcomans, conservaient des correspondances vers la Caspienne, virent dans cette rencontre une occasion de se former à bon marché une milice dont ils connaissaient la beauté et le courage. Vers l'an 1230, l'un d'eux fit acheter jusqu'à douze mille jeunes gens qui se trouvèrent Circassiens, Mingréliens et Abazans. Il les fit élever dans les exercices militaires, et en peu de temps il eut une légion des plus beaux et des meilleurs soldats de l'Asie...... En voyant cette milice d'esclaves subsister depuis plusieurs siècles en Égypte, on croirait qu'ils s'y sont reproduits par la voie ordinaire de la génération ; mais si leur premier établissement fut un fait singulier, leur perpétuation en est un autre qui n'est pas moins bizarre. Depuis cinq cent cinquante ans qu'il y a des mameloucks en Égypte, pas un seul n'a donné lignée subsistante ; il n'en existe pas une famille à la seconde génération : tous leurs enfans périssent dans le premier ou le second âge. Le moyen qui les a perpétués et multipliés, est donc le même qui les y a établis ; c'est-à-dire qu'ils se sont régénérés par des esclaves transportés de leur pays originel. Depuis les Mogols, ce commerce n'a pas cessé sur les bords du Cuban et du Phase : comme en Afrique, il s'y entretient, et par les guerres que se font les nombreuses peuplades de ces contrées, et par la misère des habitans qui vendent leurs propres enfans pour vivre, etc. ». (*Voyage de* VOLNEY, *en Égypte.*)

Les beys qui gouvernaient l'Égypte, avant notre arrivée dans ce pays, n'avaient point une autre origine que celle de ces esclaves, qui toutes les années venaient réparer les pertes de cette milice de mameloucks, que les successeurs de Saladin avaient appelée auprès d'eux pour la défense de leur royaume. D'abord attachés, en qualité de simples soldats, à la maison du bey qui les avait achetés, bientôt par la faveur du maître ou par l'esprit d'intrigue ou les talens qu'ils déployaient, ils parcouraient toutes les charges de la carrière militaire et s'asseyaient au rang des souverains de l'Égypte. Le nombre des beys qui tenaient le sceptre de ce pays, était fixé à vingt-quatre. Mais l'autorité n'était point égale pour tous. Il s'en trouvait toujours parmi eux qui, par l'ascendant de leur génie, mais le plus souvent par la force des armes ou par l'assassinat, s'élevaient au-dessus de leurs collègues et exerçaient sur eux une puissance souveraine. C'est ainsi qu'à notre arrivée en Égypte, nous trouvâmes Morad-bey et Ibrahim-bey investis du pouvoir suprême, qu'ils s'étaient long-temps disputés, et qu'enfin ils avaient fini par se partager pour mettre un terme à leurs discordes. A une époque antérieure à celle-ci, Ali-bey avait gouverné l'Égypte en maître despotique et absolu. Mohammed-bey, son favori et son élève, l'avait dépossédé de ce haut rang et s'y était mis à sa place. Un gouvernement aussi monstrueux, où l'autorité n'était fixée par aucune loi et devenait toujours le prix de l'assassinat ou de la force, tenait l'Égypte dans un état de guerre et de dissensions continuelles. Les beys étaient sans cesse armés les uns contre les autres ; chaque jour, pour ainsi dire, voyait se former de nouveaux partis au milieu d'eux ; et ils ne connaissaient guères d'autre paix, ni d'autre tranquillité, que celle qui naissait de l'impuissance de se nuire.

(4) Tel est le sentiment de M. Larrey, chirurgien en chef de l'armée d'Égypte.

(5) Les écrivains ne sont point d'accord sur la position géographique de l'ancienne île de Calypso. Mais, en déterminant cette position là où se trouve maintenant l'île du Goze, je me suis rangé à l'opinion du plus grand nombre de personnes qui ont eu occasion de traiter cette matière.

(6) On lira sans doute avec plaisir l'explication que M. Monge donne de ce phénomène. Je ferai d'abord connaître la description qu'il en fait.

DESCRIPTION.

« Le terrain de la Basse-Égypte est une plaine à peu près horizontale, qui, comme la surface de la mer, se perd dans le ciel, aux bornes de l'horizon. Son uniformité n'est interrompue que par quelques éminences ou naturelles ou factices, sur lesquelles sont situés les villages, qui, par cette position, se trouvent au-dessus des inondations du Nil. Le soir et le matin, l'aspect du terrain n'offre rien d'extraordinaire ; mais dès que la surface du sol est suffisamment échauffée par la présence du soleil, le terrain ne paraît plus avoir la même extension ; il semble comme terminé, à une lieue environ, par une inondation.

» Les villages situés au-delà de cette distance, ressemblent à des îles situées au milieu d'un grand lac. On voit leur image renversée, comme on la verrait effectivement dans une vaste étendue d'eau.

» A mesure qu'on approche d'un village qui paraît placé dans l'inondation, le bord de l'eau apparente s'éloigne ; le bras de mer qui semblait vous séparer des habitations se resserre ; il disparaît entièrement, et le phénomène qui cesse pour ce village, se reproduit sur-le-champ pour un autre. Ainsi, tout concourt à compléter l'illusion ; c'est un jeu cruel pour l'homme que presse la soif, et qui

21 *

voît s'éloigner sans cesse le moment où il se flattait de l'éteindre ».

EXPLICATION.

« Lorsqu'un rayon de lumière passe d'un milieu transparent dans un autre d'une densité plus grande, si le rayon est perpendiculaire, il n'éprouve aucune réfraction ; mais si le rayon est oblique, il se brise au passage et forme avec la perpendiculaire un angle plus petit que celui qu'il formait dans le premier milieu.

» Pour les deux mêmes milieux, quelle que soit la grandeur de l'angle que le rayon incident fait avec la perpendiculaire, le sinus de cet angle et celui de l'angle que fait le rayon réfracté sont toujours entr'eux dans le même rapport.

» Or les sinus des grands angles ne croissent pas aussi rapidement que ceux des angles plus petits. Lors donc que l'angle formé par le rayon incident et la perpendiculaire vient à croître, le sinus de l'angle formé par le rayon brisé croît dans le rapport du premier ; mais l'accroissement de l'angle lui-même est moindre que celui de l'angle formé par le rayon incident. Ainsi à mesure que l'angle d'incidence augmente, l'angle du rayon brisé augmente aussi, mais toujours de moins en moins, de manière que, quand l'angle d'incidence est le plus grand qu'il puisse être, c'est-à-dire qu'il est tout près de 90 degrés, l'angle du rayon brisé est moindre, et c'est là son *maximum*, c'est-à-dire qu'aucun rayon de lumière ne peut passer du premier milieu dans le second, sous un plus grand angle.

» Si, donc, l'angle que fait le rayon incident avec la perpendiculaire est plus grand que le *maximum* de l'angle de réfraction, il ne sort pas du milieu dense ; il se réfléchit à la surface, et retourne dans ce même milieu en faisant un angle de réflexion égal à l'angle d'incidence. C'est sur cette dernière proposition qu'est fondée l'explication du mirage.

» La transparence de l'atmosphère, c'est-à-dire la faculté de laisser passer avec une assez grande liberté les rayons de lumière, ne lui permet pas d'acquérir une température très-haute ; mais quand la surface du sol est considérablement échauffée, la couche de l'atmosphère la plus voisine de la terre contracte un degré de chaleur très-élevé ; cette couche se dilate, sa pesanteur spécifique diminue ; elle s'élève jusqu'à ce qu'elle ait retrouvé une densité égale à celle des parties environnantes. Elle est remplacée par la couche qui est immédiatement au-dessous d'elle, à travers laquelle elle se tamise : cette seconde couche éprouve la même altération, et il en résulte un effluve continuel d'air s'élevant au travers d'un air plus dense qui s'abaisse, et cet effluve est rendu sensible par des ondulations qui altèrent et agitent les images des objets fixes qui sont placés au-delà.

» Les rayons qui viennent des parties basses du ciel, et qui forment avec l'horizon de petits angles lorsqu'ils se présentent à la surface qui sépare la couche inférieure et dilatée de l'atmosphère de la couche plus dense qui est au-dessous d'elle, ne peuvent plus sortir de la couche dense. D'après les principes d'optique dont on a parlé, ils se réfléchissent vers le haut, faisant l'angle de réflexion égal à l'angle d'incidence, comme si la surface qui sépare les deux couches était un miroir, et ils vont porter à l'œil placé dans la couche dense, l'image renversée des parties basses du ciel, que l'on voit alors au-dessous du véritable horizon.

» Dans ce cas rien ne vous avertit de votre erreur.

» Comme la surface de l'eau n'est ordinairement visible sous un petit angle, que par l'image du ciel qu'elle réfléchit, vous voyez une surface du ciel réfléchie, vous croyez apercevoir une surface d'eau réfléchissante.

» Les villages et les arbres qui sont à une distance convenable, en interceptant une partie des rayons de lumière envoyés par la région basse du ciel, produisent des lacunes, et ces lacunes se trouvent remplacées par l'image renversée de ces objets; mais comme la surface réfléchissante qui sépare les deux couches n'est ni parfaitement plane, ni parfaitement immobile, ces dernières images doivent paraître mal terminées et agitées sur leurs bords, comme seraient celles que produirait la surface d'une eau qui aurait contracté de légères ondulations ».

M. Monge explique avec la même clarté et par les mêmes principes, pourquoi les objets reculent à mesure qu'on en approche.

(7) Personne n'ignore le grand nombre de soldats aveugles qui ont été ramenés en France, à la suite de l'expédition d'Égypte.

(8) Dans un pays où la mémoire des morts est dans une si grande vénération, l'on doit également porter un œil religieux sur tout ce qui approche de la tombe. Les vieillards sont en effet à Siouth l'objet d'une considération toute particulière ; et le respect qu'on a pour leur personne, donne lieu à une coutume assez remarquable et qu'il est bon de faire connaître. J'ai vu plusieurs fois à Siouth des hommes qui se disputaient et qui étaient sur le point d'en venir aux mains, s'arrêter à la vue d'un vieillard qui passait à côté d'eux, l'appeler et le rendre arbitre de leur différend. Le vieillard, établi pour juge, après avoir écouté attentivement les raisons des deux parties, décidait en faveur de celle dont la cause lui paraissait la meilleure ; et la partie adverse se retirait

alors sans faire la moindre réclamation. Au reste ce respect qu'on a pour la vieillesse, ainsi que pour les morts,
dans la ville de Siouth, sans se déclarer partout de la
même manière, se fait également remarquer dans tout
le reste de l'Égypte.

(9) « Il semble en général que toutes les coutumes
des Égyptiens invitent au repos ; les divans où l'on est
plutôt couchés qu'assis, où l'on est bien, et d'où se
lever est une affaire ; les habillemens dont les hauts de
chausses sont des jupes où les jambes sont engagées ;
les grandes manches qui couvrent huit pouces au-delà
du bout des doigts ; un turban avec lequel on ne peut
baisser la tête ; leur habitude de tenir d'une main une
pipe de la vapeur de laquelle ils s'enivrent, et de l'autre
un chapelet dont ils passent les grains dans leurs doigts ;
tout cela détruit toute activité, toute imagination : ils
rêvent sans objet, font sans goût chaque jour la même
chose, et finissent par avoir vécu sans avoir cherché
à varier la monotonie de leur existence. Les êtres qui
ont besoin de se livrer à quelques travaux, ne sont
pas très-différens des grands dont je viens de parler.
Ils ont accoutumé ceux-ci à ne rien attendre de leur
industrie, hors de ce qui est la routine ordinaire : aussi
n'en sortent-ils jamais, n'inventent-ils aucun moyen pour
faire mieux, ne recherchent-ils pas même ceux qui sont

inventés, et rejetent-ils tous ceux qui les obligent à se tenir debout, chose pour laquelle ils ont le plus d'aversion. Le menuisier, le serrurier, le charpentier, le maréchal travaillent assis; le maçon même élève un minaret sans jamais être debout : comme les sauvages, ils n'ont guères qu'un outil...... Ils bâtissent le moins qu'ils peuvent; ils ne réparent jamais rien : un mur menace ruine, ils l'étayent; il s'éboule, ce sont quelques chambres de moins dans la maison; ils s'arrangent à côté des décombres : l'édifice tombe enfin ; ils en abandonnent le sol, ou s'ils sont obligés d'en déblayer l'emplacement, ils n'emportent les platras que le moins loin qu'ils peuvent; c'est ce qui a élevé autour de presque toutes les villes d'Égypte, non pas des monticules, mais des montagnes dont l'œil du voyageur est étonné, et dont il ne peut tout d'abord se rendre compte, etc. ». (*Voyage de* DÉNON , *en Égypte.*)

A ce portrait des modernes Égyptiens, on est loin de reconnaître ce peuple, sur l'activité et l'industrie duquel l'empereur Adrien s'exprimait ainsi, dans une lettre qu'il écrivait au consul Servien, son beau-frère : « Personne ne vit oisif en Égypte. Les uns soufflent le » verre, d'autres font du papier; le lin et la fabrique » des toiles en occupent plusieurs : tous ont quelque » métier. Il n'est pas jusqu'aux goutteux, soit des pieds, » soit même des mains, jusqu'aux aveugles, à qui l'on ne

» procure un genre de travail proportionné à leur état »

(*Histoire romaine*, de Crévier.)

(10) C'est le nom que donnent à la Haute-Égypte les habitans du pays.

(11) L'on veut parler ici des anciens tombeaux de la ville de Thèbes.

(12) M. Dénon.

(13) La ville de Kous est presqu'entièrement habitée par des chrétiens cophtes.

(14) Le vent du Kamsin est une des plus grandes calamités qui puissent frapper un voyageur au milieu des déserts de l'Égypte. Le nombre doit être immense de ceux qui ont péri victimes des effets destructeurs de ce vent. L'histoire, qui ne saurait atteindre les maux ignorés de la multitude, ne fait mention d'aucune de ces catastrophes particulières; mais elle a conservé le grand souvenir de la destruction de l'armée de Cambyse, qui mourut ensevelie sous les sables des déserts de l'Égypte, en marchant pour attaquer l'Éthiopie. L'on pourra se former une idée du spectacle affreux que présente un vent qui entraîne avec lui d'aussi terribles catastrophes, en lisant les deux descriptions que je donne du Kamsin

dans cette note. La première de ces descriptions, qui est prise du voyage de M. Dénon, dépeint les effets de ce vent, tels qu'ils se manifestent sur les terres cultivées de l'Égypte : la seconde appartient à M. de Châteaubriant et parle des ravages bien plus affreux occasionnés par le Kamsin, lorsqu'il se déchaîne dans toute sa furie au milieu des sables mouvans des déserts.

Voici la description de M. Dénon :

« J'avais souvent ouï parler du Kamsin, que l'on peut nommer l'ouragan de l'Égypte et du désert ; il est aussi terrible par le spectacle qu'il présente que par ses résultats. Nous étions déjà à peu près à la moitié de la saison où il se manifeste, lorsque le 28 floréal au soir, je me sentis comme anéanti par une chaleur étouffante ; la fluctuation de l'air me paraissait suspendue. Au moment où j'allais me baigner pour rémédier à cette sensation pénible, je fus frappé, à mon arrivée sur le bord du Nil, du spectacle d'une nature nouvelle : c'étaient une lumière et des couleurs que je n'avais point encore vues ; le soleil, sans être caché, avait perdu ses rayons ; plus terne que la lune, il ne donnait qu'un jour blanc et sans ombre ; l'eau ne réfléchissait plus ses rayons et paraissait troublée : tout avait changé d'aspect ; c'était la plage qui était lumineuse ; l'air était terne et semblait opaque ; un horizon jaune faisait paraître les arbres d'un bleu décoloré ; des bandes d'oiseaux volaient devant le nuage; les animaux effrayés erraient dans la campagne, et les habitans qui les suivaient en criant, ne pouvaient les rassembler : le vent qui avait élevé cette masse immense et qui la faisait avancer, n'était pas encore arrivé jusqu'à nous ; nous crûmes qu'en nous mettant dans l'eau, qui était calme alors, ce serait un moyen de prévenir les effets de cette masse de poussière qui nous arrivait de sud-ouest ; mais à peine fûmes-nous entrés dans le fleuve, qu'il se gonfla tout à coup comme s'il eût voulu sortir de son lit ; les ondes passaient sur nos têtes, le fond était remué sous nos pieds, nos habits fuyaient avec le rivage, qui semblait être emporté par le tourbillon qui nous avait atteints : nous fûmes obligés de sortir de l'eau ; alors nos corps mouillés et fouettés par la poussière furent bientôt enduits d'une boue noire qui ne nous permit plus de mettre nos vêtemens ; éclairés seulement par une lueur roussâtre et sombre, les yeux déchirés, le nez obstrué, notre gorge ne pouvait suffire à humecter ce que la respiration nous faisait absorber de poussière ; nous nous perdîmes les uns les autres, nous perdîmes notre route, et nous n'arrivâmes au logis qu'à tâtons et seulement dirigés par les murs qui servaient à nous retracer le chemin ; c'est dans ces momens que nous sentîmes vivement quel devait être le malheur de ceux qui sont surpris dans le désert par un pareil phénomène, etc. ».

La description du Kamsin de M. de Châteaubriant, n'a point été prise sur les lieux, comme celle de M. Dénon. C'est un épisode du récit que fait Eudore de ses aventures, dans le bel ouvrage des Martyrs. Mais quoique ce ne soit ici qu'une fiction que je vais mettre sous les yeux du lecteur, les effets du Kamsin y sont dépeints avec une si grande vérité de couleur locale, qu'on dirait que l'auteur a été lui-même témoin d'un de ces terribles ouragans des déserts de l'Égypte, dont il nous raconte les détails.

« Nous reprîmes notre route avant le retour de la lumière. Le soleil se leva dépouillé de ses rayons, et semblable à une meule de fer rougie. La chaleur augmentait à chaque instant. Vers la troisième heure du jour, le dromadaire commença à donner des signes d'inquiétude : il enfonçait ses nazeaux dans le sable, et soufflait avec violence. Par intervalle, l'autruche poussait des sons lugubres. Les serpens et les caméléons se hâtaient de rentrer dans le sein de la terre. Je vis le guide regarder le ciel et pâlir. Je lui demandai la cause de son trouble :

» Je crains, dit-il, le vent du midi; sauvons-nous.

» Tournant le visage au nord, il se mit à fuir de toute la vitesse de son dromadaire. Je le suivis : l'horrible vent qui nous menaçait était plus léger que nous.

» Soudain de l'extrémité du désert, accourt un tourbillon. Le sol emporté devant nous manque à nos pas, tandis que d'autres colonnes de sables enlevées derrière nous, roulent sur nos têtes. Egaré dans un labyrinthe de tertres mouvans et semblables entr'eux, le guide déclare qu'il ne reconnaît plus sa route; pour dernière calamité, dans la rapidité de notre course, nos outres remplies d'eau s'écoulent. Haletans, dévorés d'une soif ardente, retenant fortement notre haleine dans la crainte d'aspirer des flammes, la sueur ruisselle à grands flots de nos membres abattus. L'ouragan redouble de rage : il creuse jusqu'aux antiques fondemens de la terre, et répand dans le ciel les entrailles brûlantes du désert. Enseveli dans une atmosphère de sable embrasé, le guide échappe à ma vue. Tout à coup j'entends son cri; je vole à sa voix : l'infortuné foudroyé par le vent de feu, était tombé mort sur l'arène, et son dromadaire avait disparu.

» En vain j'essayai de ranimer mon malheureux compagnon. Mes efforts furent inutiles. Je m'assis à quelque distance, tenant mon cheval en main, et n'espérant plus que dans celui qui changea les feux de la fournaise d'Azarias en un vent frais et une douce rosée. Un acacia qui croissait dans ces lieux me servit d'abri. Derrière ce frêle rempart, j'attendis la fin de la tempête. Vers le soir, le vent du nord reprit son cours; l'air perdit sa chaleur cuisante, les sables tombèrent du ciel et me laissèrent voir les étoiles : inutiles flambeaux qui me montrèrent seulement l'immensité du désert.

» Toutes les bornes avaient disparu, tous les sentiers étaient effacés. Des paysages de sables formés par les vents, offraient de toutes parts leurs nouveaux aspects et leurs créations nouvelles. Epuisée de soif, de faim et de fatigue, ma cavale ne pouvait plus porter son fardeau : elle se coucha mourante à mes pieds, etc. ».

(15) Les peuples de l'Afrique et de l'Asie ont toujours été réputés les meilleurs cavaliers du monde. L'histoire moderne nous fournit à l'appui de cette opinion, les mameloucks, les Tartares et les Arabes, dont les forces, qui, toutes composées de cavalerie, ont opéré sur la terre les révolutions les plus importantes. Si des siècles modernes, l'on veut passer aux temps de l'antiquité, on verra que la plupart des historiens attribuent à la cavalerie numide les succès obtenus par Annibal à son entrée en Italie. L'empire des Parthes, cet état si célèbre de l'ancienne Asie, ne devait la gloire de balancer la fortune des armes romaines qu'à la force invincible de sa cavalerie.

(16) La modestie du général Desaix ne contribua pas moins que son amour pour la justice, à lui concilier l'affection et l'estime des habitans de la Haute-Égypte. On ne le vit jamais affecter dans ce pays ce ton de

morgue et ce vain étalage de pompe et de représen-
tation que les ames ordinaires croyent être un des principaux attributs de leur grandeur. Aussi simple dans
ses manières qu'égal dans sa conduite et dans son caractère, il n'étonnait jamais que par la vigueur de ses
opérations militaires et la sagesse de son administration.
Il se piquait si peu de se faire remarquer par le faste
de ses habillemens, que dans nos marches contre les
mameloucks, on l'eût pris plus volontiers pour un particulier isolé au milieu de l'armée, que pour le général
de ces braves soldats qu'il conduisait toujours à la victoire. Il était si difficile de le reconnaître au milieu du
corps de troupes qu'il commandait, que lorsque des
députations de villes ou de villages se rendaient sur
son passage pour le complimenter sur ses succès, les
scheiks qui conduisaient ces députations s'adressaient
toujours à d'autres qu'à lui, et si quelqu'un en les re-
prenant de leur méprise, venait à le leur montrer, ils
ne revenaient qu'avec étonnement de leur erreur, ne
pouvant s'imaginer que cet homme qu'ils voyaient vêtu
d'une simple redingotte bleue, fût le même qui rem-
plissait la Haute-Égypte de son nom.

Parmi tous les traits d'attachement que les vertus du
général Desaix lui ont attirés de la part des habitans de
la Haute-Égypte, il en est un qui fait beaucoup trop
d'honneur à sa mémoire pour être passé sous silence.

Au nombre des Égyptiens que l'affabilité de son caractère avait fixé auprès de sa personne, Mallem Jacob
était celui qui avait été le plus constamment attaché
à ses pas. Après la bataille des Pyramides, ce Mallem
Jacob avait abandonné la fortune de Morad-bey pour
s'attacher à la nôtre. Il suivit le général Desaix dans
toutes ses campagnes de la Haute-Égypte, et partagea
tous ses périls, ainsi que la gloire de ses succès. Après
la bataille de Marengo, lorsque le bruit de la mort de
Desaix vint changer en tristesse la joie que nous avait
fait éprouver le gain d'une bataille qui soumettait l'Italie
à nos armes, Mallem Jacob écrivit au général Menou,
que si le gouvernement français voulait élever un monument en l'honneur du général Desaix, soit en Égypte,
soit en France, il s'obligerait à payer le tiers de la valeur de ce monument, quelque somme qu'il pût coûter.
C'est peut-être la première fois que l'histoire nous ap-
prendra qu'il s'est trouvé parmi un peuple vaincu, un
particulier qui ait voulu sacrifier sa fortune pour élever
un trophée à la gloire du conquérant de sa nation.

(17) Le surnom de Djezzar, que la haine publique
avait donné à Ahmet, pacha d'Acre, et que celui-ci
se faisait gloire de porter, signifie boucher, dans la
langue du pays.

(18) Ces braves soldats étaient commandés par le sergent Klane.

(19) Nous avons dit que Boulack était un faubourg du Caire.

(20) Imposition établie en Égypte sur les produits de la terre. Ammien-Marcellin écrivait dans les premiers siècles de l'ère chrétienne, que les Égyptiens se regardaient comme dupes, lorsqu'ils payaient, sans y être forcés, les contributions qu'ils devaient à l'état. Les Égyptiens de nos jours n'ont point oublié cette vieille maxime de leurs ancêtres, et ce n'a jamais été que les armes à la main que nous avons pu obtenir en Égypte le recouvrement des impositions.

(21) C'est sous ce nom de *Soleyman-el-Haléby*, qui veut dire Soleyman d'Alep, que l'assassin du général Kléber a été connu dans l'armée.

(22) L'architecte Protin a survécu à cet acte de dévouement et de bravoure.

(23) L'un des quatre scheiks de cette mosquée fut assez heureux pour éviter le sort de ses complices et se soustraire à la vengeance de l'armée. En apprenant l'assassinat du général Kléber, il prévit qu'il serait

nommé dans les interrogatoires qu'on ferait subir à Soleyman-el-Haleby, et il prit dès-lors le parti de se dérober par la fuite à toutes les recherches que l'on pourrait faire de sa personne.

(24) M. le comte Estève.

(25) Lorsque ces santons, qui avaient pour coutume
de courir tout nuds les rues du Caire, rencontraient
une femme dont la tournure agréable annonçait une
jolie figure, ils lui témoignaient hautement leurs désirs,
et sans aller plus loin, ils en jouissaient dans la rue et
en présence du peuple, qui se rassemblait en foule
pour être témoin d'une action aussi pie. Nos soldats,
qui n'étaient point habitués à des prostitutions aussi
publiques, ont bien souvent porté le scandale dans ces
scènes que la superstition musulmane regardait avec une
sainte dévotion.

(26) Cette place, d'une grandeur énorme, offre une
singularité assez remarquable, en ce que pendant une
partie de l'année, elle est inondée par les eaux du Nil,
tandis qu'après leur écoulement elle est couverte de
jardins. Rien n'est plus agréable à voir, au moment
de l'inondation du Nil, que cette multitude de canges
qui parcourent de cent manières différentes l'immense

bassin que forme cette place. La diversité de ces canges présente un tableau tellement varié de formes et de couleurs, qu'on ne peut jamais se lasser de le considérer.

(27) Avant l'époque dont il est ici question, il existait déjà dans la ville du Caire quelques établissemens de cette nature. Mais le nombre en fut si multiplié sous le général Menou, qu'on peut l'en regarder avec raison comme le véritable fondateur.

(28) Cette terrible maladie, qui nous enleva treize cents hommes dans l'espace de quatre mois, détruisit le quart de la population de la ville du Caire. Elle fit également des ravages affreux dans tout le reste du pays et principalement dans le Saïd. Depuis trois ans que nous étions en Égypte, la peste ne s'y était jamais manifestée d'une manière aussi générale et plus effrayante.

FIN DES NOTES.

www.ingramcontent.com/pod-product-compliance
Lightning Source LLC
LaVergne TN
LVHW021933030726
842523LV00001B/141